Peter Kühn/Pierre Reding (Hrsg.)

Lesekompetenz-Tests für die Klassen 5 und 6

Erarbeitet von
Irmgard Honnef-Becker, Peter Kühn, Fernand Melan, Pierre Reding

unter Mitarbeit von
Edmond Haas, Jean Losch, Paul Mertens,
Viviane Mertens-Breuskin, Marguerite Kill,
Romain Sahr, Christiane Schmit-Biewer,
Fernand Tremuth, Léon Weiß

mit einer Einleitung von Peter Kühn

Auer Verlag GmbH

Gedruckt auf umweltbewusst gefertigtem, chlorfrei gebleichtem
und alterungsbeständigem Papier.

3. Auflage. 2007
Nach den seit 2006 amtlich gültigen Regelungen der Rechtschreibung
© by Auer Verlag GmbH, Donauwörth
Alle Rechte vorbehalten
Das Werk und seine Teile sind urheberrechtlich geschützt. Jede Nutzung in anderen als den
gesetzlich zugelassenen Fällen bedarf der vorherigen schriftlichen Einwilligung des Verlages.
Hinweis zu § 52a UrhG: Weder das Werk noch seine Teile dürfen ohne eine solche
Einwilligung eingescannt und in ein Netzwerk eingestellt werden. Dies gilt auch für Intranets
von Schulen und sonstigen Bildungseinrichtungen.
Gesamtherstellung: Ludwig Auer GmbH, Donauwörth
ISBN 978-3-403-04158-0

www.auer-verlag.de

Inhalt

1. Bildungsstandard Lesen: Wie man Lesekompetenz entwickelt und die Lesemotivation fördert 5

1.1 Evaluation der Lesekompetenz in der PISA-Studie 5
1.2 Leseverstehensmodelle: Vom Wort-für-Wort-Verstehen zum wissengesteuerten Verstehenskonzept 7
1.3 Lesedidaktische und -methodische Konsequenzen 9
1.4 Konsequenzen für die Diskussion um die Bildungsstandards im Fach Deutsch 12
1.5 10 Tipps für das Leseverstehen 14
    Literatur 16

2. Konzeption und Aufbau der Lesekompetenz-Tests 17

3. Die Tests 21

3.1 Emil und die Detektive 21
Thema und Textauswahl 21
Abfolge der Aufgaben 21
Kompetenzen und Kompetenzbereiche 22
Materialien zum Vorlesen 23
Kopiervorlagen zum Test 28
    Teil 1 (Aufgaben 1–2) 28
    Teil 2 (Aufgaben 3–6) 34
    Teil 3 (Aufgaben 7–9) 42

3.2 Indianer 48
Thema und Textauswahl 48
Abfolge der Aufgaben 48
Kompetenzen und Kompetenzbereiche 49
Materialien zum Vorlesen 50
Kopiervorlagen zum Test 54
    Teil 1 (Aufgabe 1) 54
    Teil 2 (Aufgaben 2–5) 62
    Teil 3 (Aufgabe 6) 68

3.3 Archäologen 71
Thema und Textauswahl 71
Abfolge der Aufgaben 71
Kompetenzen und Kompetenzbereiche 73
Materialien zum Vorlesen 74
Kopiervorlagen zum Test 76
    Teil 1 (Aufgaben 1–4) 76
    Teil 2 (Aufgabe 5) 86
    Teil 3 (Aufgabe 6) 91

3.4 Konflikte 93
Thema und Textauswahl 93
Abfolge der Aufgaben 93
Kompetenzen und Kompetenzbereiche 95
Materialien zum Vorlesen 96
Kopiervorlagen zum Test 97
    Teil 1 (Aufgaben 1–5) 97
    Teil 2 (Aufgaben 6–8) 107
    Teil 3 (Aufgaben 9–10) 111

3.5 Parlament der Jugend 115
    Thema und Textauswahl 115
    Abfolge der Aufgaben 115
    Kompetenzen und Kompetenzbereiche 116
    Kopiervorlagen zum Test 118
        Teil 1 (Aufgaben 1–2) 118
        Teil 2 (Aufgaben 3–6) 125
        Teil 3 (Aufgabe 7) 130

4. Lösungsschlüssel 132
    Emil und die Detektive 132
    Indianer 133
    Archäologen 135
    Konflikte 137
    Parlament der Jugend 138

5. Quellenverzeichnis 141

1. Bildungsstandard Lesen: Wie man Lesekompetenz entwickelt und die Lesemotivation fördert

1.1 Evaluation der Lesekompetenz in der PISA-Studie

Die PISA-Studie aus dem Jahr 2000 hat so manche Diskussion angestoßen. Neben den bildungspolitischen Debatten in den verschiedenen Ländern sind für die Wissenschaft und für die Lehrer vor Ort vor allem die didaktisch-methodischen Konsequenzen von besonderem Interesse, die sich aus den bisherigen Ergebnissen für die getesteten Kompetenzbereiche ergeben. Für den Bereich der Lesekompetenz im Deutschunterricht hat die wissenschaftliche Diskussion um die Konsequenzen gerade erst begonnen (vgl. z. B. Fingerhut 2002, Hurrelmann 2002, Kühn 2002, Ludwig 2002, Rosebrock 2002), es zeichnen sich allerdings bereits erste, weitreichende didaktisch-methodische Folgen für den Deutschunterricht ab:

1. Die Fokussierung der PISA-Studie auf das Leseverstehen sowie die Einordnung der Lesekompetenz als kulturelle Schlüsselqualifikation wirft zum einen die Frage auf, welcher Stellenwert dem Erwerb dieser Kompetenz im Unterricht bislang zugemessen wurde bzw. werden soll. Zum anderen muss darüber reflektiert werden, was eigentlich unter dem Begriff der Lesekompetenz zu verstehen ist und wie man Leseverstehensstrategien im Unterricht vermitteln kann. Durch die Diskussion um das Konzept der Lesekompetenz in der PISA-Studie sind sowohl Lehrerinnen und Lehrer als auch die wissenschaftliche Didaktik sensibler für alternative Lesekonzepte geworden: weg von dem datengeleiteten Wort-für-Wort-Verstehen und hin zu kognitionspsychologisch ausgerichteten Leseverstehenskonzepten. Evaluiert man solche Fragestellungen in Bezug auf den Deutschunterricht, so zeigt sich sofort ihre hohe Brisanz: Otto Ludwig (2002, 83) stellt beispielsweise für den Unterricht in Deutschland kritisch fest, (a) dass im Bereich der Grundschule die Lesekompetenz vor allem mit der technischen Lesefertigkeit gleichgesetzt wird, und (b) dass es nach der Grundschule für die weiterführenden Schulen kein klar definiertes und systematisches Lesecurriculum gibt. Zudem bemängelt er an den weiterführenden Schulen in diesem Zusammenhang die Reduktion an Deutschstunden sowie den überhohen Anteil des Literaturunterrichts gegenüber dem Sprachunterricht.

    Problem: fehlendes Lesecurriculum

2. Die Herausstellung der Lesekompetenz erfordert für den Deutschunterricht den konsequenten Bezug auf Texte: Jegliche Spracharbeit ist Arbeit mit und an Texten. In der Linguistik gilt die text(sorten)orientierte Betrachtung der Sprache mittlerweile als wissenschaftliches Gemeingut: Texte werden nicht mehr ausschließlich nur als miteinander verketteter kohärenter Folge von Sätzen aufgefasst, sondern als Produkte sprachlichen Handelns mit erkennbaren kommunikativen Funktionen. Auch hier ergeben sich drastische Konsequenzen für den Deutschunterricht: Gegenstand des Sprachunterrichts auf allen Schulstufen sollten authentische Texte und keine konstruierten Lehrbuchtexte sein. Auch hier setzt die PISA-Studie neue Akzente, wenn sie beispielsweise den Textbegriff anders fasst als die traditionelle Deutschdidaktik. Während traditionellerweise im Deutschunterricht zwischen Sach- bzw. Gebrauchstexten und vornehmlich literarischen Texten unterschieden wird, werden in der Studie beide unter dem Begriff der „kontinuierlichen Texte" zusammengefasst. Ihnen gegenüber stehen die sogenannten „nicht-kontinuierlichen Texte", zu denen Diagramme, Grafiken, Tabellen, Modelle, Karten, Formulare, Anzeigen usw. gehören (vgl. PISA 2001, 80 ff.). Für die Auswahl der Lesetexte sollten neben schülerorientierten Interessen folglich als Kriterien auch die Authentizität und Textsortenvielfalt herangezogen werden.

    Forderung: Textsortenvielfalt im Unterricht

3. Die differenzierte Auswertung eines solch aufwendigen Tests zum Leseverstehen zu Vergleichszwecken erfordert in Bezug auf die Aufgabenstellungen und Antwortmöglichkeiten ein hohes Maß an Standardisierungen. Hier ergibt sich das grundsätzliche Problem, welche Aufgabentypen zur Überprüfung der eher komplexen Lesekompe-

    Problem: Aufgabenformulierung in standardisierten Tests

tenz geeignet sind. In der PISA-Studie hat man sich auf zwei „Antwortformate" beschränkt (vgl. PISA 2001, 81): auf Mehrfachwahlaufgaben (Multiple Choice) und Aufgaben mit frei zu formulierenden Antworten (offene Formate). Während die Bewertung der Richtigkeit der Multiple-Choice-Items als „relativ einfach" angesehen wird, werden den Auswertern der PISA-Studie bei offenen Antwortformaten „Auswertungsrichtlinien" als Kriterien zur Beurteilung der Richtigkeit an die Hand gegeben, sodass ein „hohes Maß an Übereinstimmung" erreicht werden konnte (PISA 2001, 81). Die Achillesferse der PISA-Studie liegt sicherlich in ihrer Methodenkonzeption. Die Antworten auf die Aufgabenformate mögen zwar den Kriterien der Reliabilität und Objektivität genügen, ob sie jedoch valide sind und das Leseverständnis überprüfen, scheint in vielen Fällen fraglich: Schon bei einer kursorischen Lektüre der Aufgabenstellungen in der PISA-Studie gewinnt man schnell den Eindruck, dass die Schwierigkeit des Textverstehens oft nicht durch die Texte selbst, sondern durch die komplizierten und schwer verständlichen Aufgabenstellungen und -formulierungen hervorgerufen werden. Im Prüfungstext über „Technologie erfordert neue Regeln" wird die Aufgabe in einem Langsatz mit Verschachtelungen auf mehreren Ebenen formuliert: „Unterstreiche den Satz, der erklärt, was die Australier taten, um zu entscheiden, wie mit den eingefrorenen Embryonen verfahren werden sollte, die bei einem Flugzeugabsturz ums Leben gekommenen Paare gehörten" (vgl. PISA 2001, 92). Karl-Heinz Fingerhut (2002) sieht gerade in den Aufgabenstellungen und in der monologischen Kommunikationsform bei der Evaluation des Leseverständnisses die Hauptprobleme: „Während die Aufgabenstellungen der Deutschbücher zum Leseverstehen vorwiegend in Form von Gesprächen bearbeitet werden, die zwischen Lehrenden und Lernenden über die Texte geführt werden, handelt es sich bei den Aufgabenstellungen der PISA-Studie um Instruktionen an den einzelnen Lerner, denen er, will er erfolgreich sein, möglichst exakt nachzukommen hat" (Fingerhut 2002, 40). Kaspar Spinner (2002) hat einen illustren Unterrichtsvorschlag gemacht, in dem die „Getesteten zu Testern des Tests" werden, denn im Rahmen der PISA-Tests muss auch mit dem Fall gerechnet werden, „dass ein Schüler oder eine Schülerin eine Formulierung in der Fragestellung nicht versteht und aus diesem Grund nicht zutreffend antworten kann, obschon er oder sie den Ausgangstext richtig erfasst hat" (Spinner 2002, 50). Es scheint, dass sich die PISA-Studie bei der Überprüfung des konstruktivistisch angelegten Leseverstehenskonzepts über das instruktionistische Methodenkonzept selbst ein Bein stellt (vgl. auch Fritzsche 2003).

Forderung: Umgang mit literarischen Texten

4. Von literaturdidaktischer Seite wird mittlerweile am „Reading-Literacy-Konzept" der PISA-Tests die vorrangige kognitive Ausrichtung der Informationsentnahme aus Texten kritisiert. Nach Bettina Hurrelmann (2002) oder Cornelia Rosebrock (2002, 2003) greift dieser Lesekompetenzbegriff für die Leseförderung in der Schule zu kurz: Leseförderung „sollte sich orientieren an einem theoretisch und didaktisch breiteren Konzept von Lesen als kultureller Praxis, das auch motivationale, emotionale und interaktive Dimensionen mit einschließt" (Hurrelmann 2002, 6). Lesefördernd im Kontext einer Enkulturation sind danach vor allem (a) die Lesemotivation, (b) die emotionale Dimension des Lesens sowie (c) die Fähigkeit zur Anschlusskommunikation. Ein Lesekompetenzmodell muss um diese literaturdidaktische Komponenten erweitert werden. Leseverstehensmodelle sind gegenüber den zu lesenden Textsorten nicht neutral: Gerade literarische Texte und Textsorten verlangen eine andere Akzentuierung des kognitivistischen Leseverstehensmodells. „Bei jeglicher Lektüre und insbesondere bei literarischer ist das affektive und motivationale Engagement des lesenden Subjekts nicht bloß irgendwie zusätzlich beteiligt. Vielmehr ist das lesende Subjekt in das Entstehen dieser mentalen Modelle mit seinen eigenen Interessen, Erfahrungen, Wissensstrukturen und Bedürfnissen verstrickt, indem es gewissermaßen durch ‚Zufütterung' seines Sprachwissens und seines Weltbezugs den Text überhaupt erst innerlich inszeniert" (Rosebrock 2003, 169). Cornelia Rosebrock (2002, 52) weist allerdings auch darauf hin, den Umgang mit literarischen Texten zu überdenken, damit er auch „vor den Anforderungen von ‚reading literacy' bestehen kann". Sie sieht die curricularen Schwächen im Umgang mit literarischen Texten vor allem in der schwach ausgeprägten Kompetenz, über Texte zu reflektieren und sie zu bewerten. Gerade zur Ausbildung dieser Lesekompetenz würden sich literarische Texte besonders anbieten.

Auch in der PISA-Studie wird die Lesekompetenz in den größeren Kontext der „Lesesozialisation" gestellt (PISA 2001, 81 ff.) und soll nicht zuletzt „die Entwicklung von Lesefreude und Leseinteresse sowie die Etablierung von leseförderlichen Haltungen und Gewohnheiten" fördern (PISA 2001, 77). Die standardisierten PISA-Aufgaben können diese Forderungen allerdings nicht einlösen.

Im Folgenden werden zunächst grundlegende Leseverstehensmodelle vorgestellt und auf ihre Nützlichkeit überprüft. Anschließend werden Folgerungen für die Lesedidaktik und -methodik gezogen. Abschließend werden die Praxisbeiträge des Themenheftes in den Kontext der Leseverstehensmodelle sowie den der Leseverstehensdidaktik und -methodik gestellt, um die Umsetzung theoretischer Modelle in die Unterrichtspraxis zu illustrieren.

1.2 Leseverstehensmodelle: Vom Wort-für-Wort-Verstehen zum wissensgesteuerten Verstehenskonzept

Lange Zeit wurde das Textverstehen in Wissenschaft und Unterricht ausschließlich sprachatomistisch und sprachsystematisch beschrieben: Man ging davon aus, dass sich Texte aus Sätzen zusammensetzen, Sätze wiederum aus Wörtern und die Wörter aus Buchstaben bzw. Lauten. Das Verstehen eines Textes ergibt sich nach diesem Konzept dadurch, dass man als Leser synthetisiert: Man setzt aus den Buchstaben Wörter zusammen. Man ordnet den Wörtern Bedeutungen zu. In einem nächsten Schritt setzt man aufgrund grammatischer und syntaktischer Regeln die Wörter zu Sätzen zusammen. Der Text ist dann gewissermaßen eine verkettete Aneinanderreihung von Sätzen. Wenn der Leser alle lexikalischen, grammatischen und syntaktischen Einzeldaten zusammengetragen und dekodiert hat, hat er den Text verstanden. Dieser Informationsfluss vom Text zum Leser oder Hörer wird auch als *bottom-up-* oder aufsteigender Verstehensprozess bezeichnet (datengeleitetes Verstehen). Beredter Ausdruck für dieses Verfahren ist im Bereich der Methodik (des Fremdsprachenunterrichts) die stereotype Frage des Lehrers „Welche Wörter habt ihr nicht verstanden?". Hinter dieser Frage verbirgt sich das Wort-für-Wort-Verstehenskonzept, nach dem man einen Text dann verstanden hat, wenn man die Bedeutung eines jeden Wortes abgeklärt und den Text vom ersten bis zum letzten Wort gelesen hat.

Wort-für-Wort-Verstehen

Dass lexikalische und grammatisch-syntaktische Sprachkenntnisse zwar notwendige, nicht jedoch hinreichende Bedingungen für das Textverstehen darstellen, verdanken wir psycholinguistischen, kognitionspsychologischen und konstruktivistischen Forschungsansätzen: Ihnen allen liegt die Auffassung zugrunde, dass jedes sprachliche oder nichtsprachliche Zeichen nicht an sich verarbeitet wird, sondern interpretiert und in ein bestehendes Netz von bereits verarbeiteten und internalisierten Zeichen und den bereits vorhandenen Wissensbestand eingepasst und vernetzt wird. Auf dieser Basis muss das Verstehen von Texten als aktiver Konstruktions- und Interpretationsprozess verstanden werden. Belegt wird diese Aussage durch Wahrnehmungsexperimente (vgl. Westhoff 1987, 31):

konzeptgeleitetes Verstehen

Fotografie von R. C. James in: Lindsay/Norman 1977, 12

So kombiniert man die vorliegenden schwarzen und weißen Flecken so lange, bis man ein Bild konstruiert hat (z. B. Hund auf der Fährte) und im Rahmen dieses Bildes werden die übrigen Informationen inferiert – ja es werden oft sogar Elemente hinzugefügt, die im Material vielleicht nicht vorhanden sind. Möglich werden solche Konstruktions- und Interpretationsprozesse durch unser Erfahrungs- und Weltwissen. Dieser Informationsfluss vom Leser oder Hörer zum Text wird auch als *top-down-* oder absteigender Verstehensprozess bezeichnet (konzeptgeleitetes Verstehen). In der modernen Verstehenstheorie wird besonders auf die gegenseitige Abhängigkeit beider Verstehensprozesse hingewiesen (Lindsay/Norman 1977, 278 f.). Die Konzeption des Lesens über Hypothesenbildungen wurde in den 70er-Jahren mit Begeisterung aufgenommen – berühmt geworden ist Goodmans (1976) Auffassung des Lesens als Ratespiel.

Die Notwendigkeit daten- und konzeptgeleiteter Verstehensprozesse hat der Psycholinguist Hans Hörmann (1981, 137 f.) durch ein anschauliches Beispiel belegt: Er zeigt, dass wir einen Text nicht verstehen, auch wenn wir wissen, was die einzelnen Daten, d. h. die Wörter und Wortkombinationen, bedeuten und grammatisch-syntaktische Zusammenhänge herstellen können:

Verstehen Sie diesen Text?

Wenn die Ballone platzen, würde man den Ton nicht hören, weil die Entfernung bis zum richtigen Stockwerk zu groß wäre. Auch ein geschlossenes Fenster würde den Ton hindern, da die meisten Gebäude ja gut isoliert sind. Da das ganze Unternehmen darauf beruht, dass der elektrische Strom nicht unterbrochen wird, würde es auch zu Problemen kommen, wenn der Draht in der Mitte abreißen würde. Natürlich könnte der Kerl auch schreien, aber die menschliche Stimme ist nicht laut genug, um so weit zu tragen. Ein zusätzliches Problem ist, dass am Instrument etwas brechen könnte, dann gäbe es zur Botschaft selbst keine Begleitung. Es ist klar, dass bei geringerer Entfernung die Probleme kleiner wären. Bei einem face-to-face-Kontakt wäre die Wahrscheinlichkeit am kleinsten, dass etwas schiefginge.

Obwohl wir alles verstehen, verstehen wir nichts. Das Beispiel zeigt, dass das Verstehen den Charakter von Problemlösungen annimmt. Wir versuchen eine Geschichte konzeptgeleitet zu konstruieren und das Fehlende durch Inferenzen, Antizipationen oder Hypothesen zu ergänzen. Erst wenn die Hypothesen, die man beim Lesen anstellt, gestützt werden – z. B. durch eine Visualisierung – gelingt es uns, den Text in einen Zusammenhang zu stellen und zu verstehen (vgl. Abb. S. 9):

Hans Hörmann zeigt, dass das Verstehen notwendig über den Bereich des sprachlichen Verstehens hinausführt. Im Prozess des Verstehens werden nicht nur Informationen aufgenommen, sondern auch Informationen geschaffen: „Wenn Verstehen ein ‚Sinn-Verleihen durch Hineinstellen in einen Zusammenhang' ist, so gewinnt es einen konstruktiven Aspekt: Es ist mehr als Rezeption. Der Hörer konstruiert aus dem, was die Äußerung anregt und möglich macht, aus seiner Kenntnis der Situation, aus seiner Weltkenntnis und aus seiner Motivation einen sinnvollen Zusammenhang. Das Erreichthaben eines solchen Zusammenhangs geht einher mit dem subjektiven Gefühl ‚jetzt habe ich es verstanden' und der damit gekoppelten Überzeugung, wenn es erforderlich wäre, adäquat handeln zu können" (Hörmann 1981, 137). Wir verstehen also Texte, indem wir in einem ständigen Wechsel daten- und konzeptgeleitete Verarbeitungsprozesse miteinander koordinieren und die sprachlichen Daten auf der Basis unseres Sprach- und Weltwissens interpretieren.

Grundlagen des Textverstehens

Die Grundlagen des hier skizzierten, wissensgesteuerten Verstehenskonzepts eröffnen gerade für den Sprachenunterricht neue Chancen und Perspektiven. Am konkreten Beispiel lässt sich schnell nachweisen,

1. dass das Textverstehen nicht vorwiegend und ausschließlich datengeleitet abläuft und damit der Vorgang des Leseverstehens vor allem im Dekodieren sprachlicher Zeichen besteht;
2. dass der Vorgang des Textverstehens als ein aktiver Interpretationsprozess des Lesers aufzufassen ist, der konzeptgeleitet den Text in einen kommunikativen Zusammenhang stellt. Textverstehen ist aktives Verarbeiten des Gehörten oder Gelesenen und kein passiver Vorgang;

Wissensbestände garantieren das Textverstehen

3. welche Konzepte beim Vorgang des Verstehen-Wollens in unseren Wissensbeständen angezapft und genutzt werden. Dabei werden besonders folgende Wissensbestände aktiviert:

- Allgemeines Sach- und Weltwissen: Tatsachenwissen, aber auch Wissen über Wertungen oder Haltungen, Wissen über kulturspezifische und soziale Verhaltensnormen usw.
- Sprachwissen über kommunikative Zusammenhänge: Wer ist der Schreiber oder Sprecher des Textes? Wer ist/sind der Adressat/die Adressaten? Welche Absicht(en) sollen mit dem Text verfolgt werden? Welche Textsorte liegt vor? Wo und wann ist der Text erschienen? Gibt es Vorgänger- oder Nachfolge-Texte? usw.
- Wissen über schematische Themen- und Handlungszusammenhänge: Was ist das Thema des Textes? Welche Themenentwicklung ist erwartbar? Wie ist der Text strukturiert?
- Sprachwissen auf allen Ebenen: von Phonetik und Graphetik über die Lexik, Grammatik und Syntax bis hin zum Text.

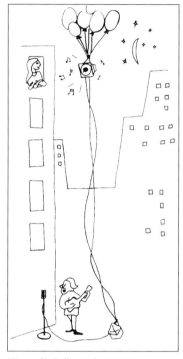

Wenn die Ballone platzen, ...

Als allgemein wichtigste Leseverstehensstrategie gilt folglich, sich auf das Verstandene, nicht aber auf das Unverstandene zu konzentrieren. Es verbieten sich daher Verstehensaufgaben, bei deren Bearbeitung ein Wort-für-Wort-Verständnis vorausgesetzt wird (z. B. die „berühmte" Lehrerfrage nach dem Lesen: *Welche Wörter habt ihr nicht verstanden?*). Somit stehen beim Leseverstehen bzw. bei der Leseförderung nicht so sehr die sprachsystematischen Aspekte im Vordergrund (z. B. Wortschatz- oder Grammatikkenntnisse), sondern die Leistungen des Lese-Lerners. Hugo Aust (1996, 1173–1176) nennt und beschreibt solche Fähigkeiten: Der Leser muss z. B. von der Situationsgebundenheit eines Textes abstrahieren können, er muss Details vom Globalen unterscheiden lernen, er lernt dasjenige zu selegieren, das er für seine Ziele und sein Verständnis braucht, er muss die Fähigkeit erwerben, Mitgemeintes zu verstehen und zwischen den Zeilen zu lesen, er antizipiert und synthetisiert mögliche Inhalte, er analysiert und strukturiert, bewertet und interpretiert, wenn er einen Text und seinen Inhalt in sein eigenes Wissensnetz einbindet und Sinnzuschreibungen durchführt (vgl. auch Müller 2000, 4 ff.).

Fazit: Lesen kann im Sinne des konzeptgeleiteten Verstehensprozesses gewissermaßen als dialogische Auseinandersetzung zwischen Leser und Text angesehen werden. Verstehen ist ein hypothesengeleitetes Interpretieren. Die sich dabei ergebenden Sinnzuschreibungen sind allerdings nicht subjektiv und beliebig, sondern können und müssen am Text objektiviert werden. Trotzdem kann ein und derselbe Text für unterschiedliche Leser Unterschiedliches bedeuten.

Lesen ist Dialog zwischen Leser und Text

1.3 Lesedidaktische und -methodische Konsequenzen

Welche didaktisch-methodischen Konsequenzen ergeben sich nun aus diesem konstruktivistischen Leseverstehenskonzept? Die grundlegende didaktische Konsequenz besteht in der Aufgabe des traditionellen Wort-für-Wort-Verstehenskonzepts. Dieses Konzept vernachlässigt nicht nur die Notwendigkeit konzeptgeleiteter Verstehensprozesse, sondern suggeriert fälschlicherweise auch, dass der gesamte Text im Detail zu dekodieren sei und alle Textteile den gleichen Informationswert hätten. Die Leser werden gewissermaßen zu gleichgeschalteten Dekodiermaschinen. Alberto Manguel (1998, 10–13) illustriert und beschreibt in seinem Buch „Eine Geschichte des Lesens" verschiedene Leser von der Antike bis zur Gegenwart. Hier wird deutlich, dass es verschiedene Lesertypen mit unterschiedlichen Leseinteressen und -gewohnheiten gibt: Es gibt beispielsweise den gelangweilten Leser, der sein Buch beiseite gelegt hat, den wissbegierigen Studenten, der vor seiner Prüfung noch schnell etwas in einem Buch nachschlägt, den versun-

Verschiedene Lesertypen

kenen Leser, der durch sein Buch „zum Herrn über Zeit und Raum" wird, den lesenden Mönch, der in stiller Konzentration liest oder den Fabrikvorleser aus dem 19. Jahrhundert, der den leseunkundigen Arbeitern aus aktuellen Zeitungen oder populären Romanen vorliest, um während der Arbeit zu informieren, aufzuklären oder zu unterhalten. Es fehlt allerdings ein moderner Leser: der surfende Internet-User, der Textinformationen aus dem *World Wide Web* sucht, sammelt und bewertet (vgl. hierzu Kühn 2001).

Hier wird sofort deutlich, dass der Leser kein Textdekodierer ist, sondern als Person mit spezifischen Lesezielen und Leseinteressen beschrieben werden muss. Es gibt beispielsweise einen Lesertyp, der sich lediglich einen schnellen Überblick über den Text und den Textinhalt verschaffen möchte, einen anderen, der für sich gezielt wichtige Informationen aus dem Text heraussucht oder auch denjenigen, der ausgewählte Textpassagen oder vielleicht sogar den gesamten Text genau durchliest. Aus solchen Differenzierungen folgt zweierlei: Wenn wir als Leser Texte nutzen, um bestimmte Verstehensziele zu erreichen, ist es erstens notwendig, für Leselerner Textaufgaben im Hinblick auf Verstehensziele zu formulieren, die auf tatsächliche oder mögliche Interessen und Informationsbedürfnisse der Lerner bezogen sind. Zweitens müssen im Unterricht unterschiedliche Lesearten Berücksichtigung finden. Im modernen Fremdsprachenunterricht werden verschiedene Lese- bzw. Hörstrategien oder Lese- bzw. Hörstile unterschieden:

Lesestrategien

(a) Beim Globalverstehen sollen die Leselerner den Text global einordnen und sich einen groben Überblick über Textthemen und Textinhalte verschaffen. Als Faustregel kann hier angegeben werden: *Wer schreibt wem, wie, wozu, wann, wo und worüber?*

(b) Selektive Verstehensstrategien werden immer dann eingesetzt, wenn entsprechend der Verstehensabsicht wesentliche oder bestimmte Textinformationen herausgearbeitet werden sollen.

(c) Beim Detailverstehen geht es um das Wort-für-Wort-Verständnis eines Textes. Hier geht es darum, möglichst alle Textinformationen bis auf die Wortebene hinab zu erfassen.

Wann lese ich wie?

Es ist wichtig darauf hinzuweisen, dass es sich bei diesen Verstehensstrategien nicht um alternative Strategien handelt, sondern dass sie in Abhängigkeit von Verstehensinteressen und -zielen sowie in Abhängigkeit unterschiedlicher Textsorten eingesetzt werden: Wenn ich nur wissen will, ob morgen schönes Wetter ist, achte ich besonders auf diesen Teil der Wettervorhersage. Dabei ist es durchaus möglich, ein und denselben Text in mehrfachen Lesedurchgängen mit verschiedenen Strategien zu lesen oder aber auch innerhalb eines Textes die Verstehensstrategien zu wechseln. Zudem gibt es zwischen den Lesestrategien auch Abhängigkeiten, denn Globalverstehen ist oft ohne Verstehen wichtiger Details nicht möglich, aber oft ist das Detailverstehen nicht ohne ein gewisses Verstehen des Gesamtzusammenhangs möglich. Auffallend ist allerdings, dass wir in der täglichen Lesepraxis eher selten auf das Detailverstehen im Sinne des totalen Verstehens zurückgreifen. Es gibt nur wenige Textsorten, für die dies erforderlich scheint – vielleicht in bestimmten Fällen für Rezepte. Meist genügt es, den Text global zu verstehen oder aber eine mehr oder weniger große Zahl von Einzelinformationen zu erfassen. Kurioserweise dominiert allerdings vielfach im Sprachunterricht das Detailverstehen, wobei sich die Schüler den Text Wort für Wort erarbeiten müssen.

Drei-Phasen-Modell für Verstehensaufgaben

Eine weitere didaktisch-methodische Konsequenz, die aus dem konstruktivistischen Leseverstehenskonzept abgeleitet werden muss, ist die Phasierung des Unterrichts bzw. der Leseverstehensarbeit: Leseverstehensaufgaben werden nach dem sogenannten Drei-Phasen-Modell unterschieden in Aufgaben, die v o r dem Lesen, w ä h r e n d des Lesens und n a c h dem Lesen gemacht werden sollen. Das Leseverstehen beginnt folglich bereits vor dem eigentlichen Lesen selbst. **Verstehensaufgaben vor dem eigentlichen Lesen** dienen ganz allgemein der Vorbereitung des Textverstehens: der Aktivierung des Vorwissens und dem Aufbau eines Erwartungshorizonts, der thematischen Vorentlastung und Einordnung, der Vorgabe und Formulierung von Verstehenszielen, der Aktivierung von Verstehensstrategien usw. Als Material hierzu können genutzt werden: Bilder, Illustrationen, Grafiken, Überschriften und Lead-Texte, Gliederungen, Assoziogramme, Wortgeländer, akustische Impulse (Geräusche, Musik, Stimmen) usw. **Die Aufgaben während des Lesens** lassen sich gut durch das Verfahren des Mit-dem-Bleistift-Lesens veranschaulichen: Abschnitte markieren, Strukturverlauf und Themenentwicklungen skizzieren, Schlüsselwörter unterstreichen, wichtige, fragwürdige oder unverständliche Textstellen kennzeichnen, Zusammenfassungen von Textabschnitten am Rand notieren, Autorpositionen kennzeichnen und benennen, Textinformationen kommentieren usw. **Die Aufgaben nach dem Lesen** beziehen sich auf die sprachliche und inhaltliche Weiterverarbeitung des Textes: Textzusammenfassungen, Aufgaben zum Weiterschreiben, Kommentierungen, Verfassen von Paralleltexten usw. (vgl. z. B. die Anregung von Feilke 2002: „Lesen durch Schreiben"). Wolfgang Menzel (2002) hat kürzlich eine sehr nützliche Zusammenstellung differenzierter Aufgaben eines solchen Lesecurriculums vorgelegt, die sich direkt in den Unterricht umsetzen lässt (vgl. auch Müller 2000, 10f.; Honnef-Becker/Melan/Kühn/Reding 2003, 47ff.).

Die Phasierung der Leseverstehensaufgaben fördert vor allem den konzeptgeleiteten Verarbeitungsprozess und ist ein methodisches Desideratum. Auch hier weist die PISA-Studie große Schwächen auf, da in Aufgabenstellungen die Vorteile des Phasierungsmodells nicht genutzt wurden (vgl. z. B. die Bearbeitung der kontextuell und thematisch isolierten Grafiken sowie die direkten Detailfragen zu „Tschadsee" in PISA 2001, 98f.). Auch bei standardisierten Prüfungen sollte man für die Schüler zu Beginn eine gemeinsame thematische Plattform im Sinne einer thematischen Vorentlastung oder Orientierung bieten und die Abfolge der Aufgaben verstehensprogressiv anlegen, z. B. Aufgaben zum Globalverstehen vor denjenigen zum selektiven Verstehen oder Detailverstehen anordnen.

Schließlich ist noch auf eine letzte, wichtige lesedidaktische Konsequenz hinzuweisen. Bettina Hurrelmann (1994, 2002) gebührt das Verdienst, immer wieder auf die Leseförderung als kulturelle Praxis hinzuweisen. Bei einer solchen Leseförderung geht es „um den Aufbau und die Sicherung der Lesemotivation, die Vermittlung von Lesefreude und Vertrautheit mit Büchern, die Entwicklung und Stabilisierung von Lesegewohnheiten. An die Seite des vornehmlich intellektuellen und analytischen Umgangs mit Literatur soll eine altersgemäße Lesekultur treten, die möglichst all das repräsentiert, was das Lesen außerhalb der Schule anregend, lohnend und für die Teilnahme an der gesellschaftlichen Kommunikation unverzichtbar macht" (Hurrelmann 1994, 17). Zum Aufbau einer solchen erweiterten Lesekompetenz zählen daher auch „die Literaturbeschaffung, die Auswahl der Lesestoffe, der Vergleich mit Ähnlichem, die Bewertung des Gelesenen in Bezug auf die eigenen Erwartungen und Ziele, die Verständigung mit anderen Leserinnen und Lesern" (Hurrelmann 1994, 24). Im Vordergrund stehen dabei literarische Texte und Textsorten, aber die genannten Aspekte treffen auch auf Sachtexte zu. Betont werden also besonders die motivationalen und emotionalen Aspekte des Lesens bzw. der Leseförderung. Leseförderung darf folglich nicht ausschließlich auf eine Optimierung von Informationsentnahme und -verarbeitung im Sinne des konstruktivistischen Verstehensmodells beschränkt bleiben. Dem Leselerner müssen auch Kompetenzen im Bereich der Lesemotivation (z. B. durch eigeninitiative Lektüreauswahl oder -empfehlung), der Emotion und Reflexion (z. B. durch Austausch von Erfahrungen und Gefühlserlebnissen über Literatur) und Anschlusskommunikation (z. B. im „Literaturgespräch") vermittelt werden. Zur Realisierung einer solchen Leseförderung gibt es eine Reihe erprobter Unterrichtsvorschläge (vgl. z. B. die Beiträge in *Praxis Deutsch* 127/1994 oder die Hinweise bei Hurrelmann 1994, 24): von Bücherkisten, Lesekoffern, Leseecken, Klassenbibliotheken über freie Lesestunden, das Vorlesen (Lehrer und Eltern als „Lesevorbilder") bis hin zur Illustration und Rezension von Büchern, zu Leseprojekten, Buchausstellungen und Autorenlesungen oder zu Lese- und Schreibwettbewerben.

Leseförderung durch Literatur

Fazit: Konzeptionell muss der muttersprachliche Leseunterricht nach den kognitionspsychologischen Verstehensmodellen hin ausgerichtet werden, wenn man die Einengung der Lesekompetenz auf die technische Lesefertigkeit aufgeben und weitergehende Lesefähigkeiten (z. B. Informationsermittlung, Textinterpretation, Textbeurteilung, Textnutzung) vermitteln möchte. Aus didaktischer Perspektive müssen authentische Texte und Textsorten sehr viel stärker unter dem Aspekt ihrer pragmatischen Situierung, auf der Basis unterschiedlicher Lesemotivationen und -interessen sowie auf die Verschiedenheit der Lesestile und -strategien hin aufbereitet werden. Methodisch geht es um eine Differenzierung der textsortenbezogenen Lesetechniken und -methoden sowie um eine lesenerorientierte Leseförderung.

didaktische Forderungen für ein Lesecurriculum

1.4 Konsequenzen für die Diskussion um die Bildungsstandards im Fach Deutsch

Die Ergebnisse der PISA-Studie haben sich auch in der Diskussion um die sogenannten Bildungsstandards niedergeschlagen: Die Kultusminister der Bundesländer haben sich auf die Festlegung von Bildungsstandards geeinigt. Diese Bildungsstandards sollen gewährleisten, dass Schülerinnen und Schüler unverzichtbare Kompetenzen erwerben und Schulabgängerinnen und Schulabgänger am Ende eines Bildungsabschnitts über ein klar festgelegtes und umrissenes Grundwissen verfügen. Die Bildungsstandards beschreiben Kompetenzbereiche, die als gesichertes Wissen zusammen mit Fertigkeiten und Fähigkeiten am Ende eines Bildungsabschnitts verbindlich vorhanden sein sollen. Entsprechende Standards wurden für die Abschlussklassen der Grundschule, für den Hauptschul- und Realschulabschluss sowie die jeweilige Übergangsklasse in die gymnasiale Oberstufe erarbeitet. Auch für das Abitur liegen zwischen allen Bundesländern abgestimmte Anforderungsprofile der einzelnen Fächer vor („Einheitliche Prüfungsanforderungen" [EPAs]). Mittlerweile liegen erste Musteraufgaben und Beispiele vor, in denen das erwartete fachliche Niveau konkretisiert wird (vgl. Bildungsstandards im Fach Deutsch für den Mittleren Schulabschluss 2003). Die untereinander abgestimmten Bildungsstandards werden von den Bildungspolitikern als ein erster Schritt auf dem Weg zu vergleichbaren Anforderungen am Ende der einzelnen Bildungsgänge angesehen.

Kompetenzbereiche im Fach Deutsch

Im Folgenden werden die einzelnen Kompetenzbereiche für das Fach Deutsch in einem Grundmodell zusammengefasst. Im Interesse eines integrativen Deutschunterrichts sollen im Unterricht die einzelnen Bereiche aber nicht isoliert behandelt, sondern immer aufeinander bezogen sein (Bildungsstandards im Fach Deutsch für den Mittleren Schulabschluss 2003, 9):

Sprechen und Zuhören	Schreiben	Lesen – Umgang mit Texten und Medien
Zu anderen, mit anderen, vor anderen sprechen, Hörverstehen entwickeln	Reflektierend, kommunikativ und gestalterisch schreiben	Lesen, Texte und Medien verstehen und nutzen, Kenntnisse über Literatur erwerben und Lesefreude entwickeln

Methoden und Arbeitstechniken

Methoden und Arbeitstechniken mit den Inhalten der Kompetenzbereiche erwerben

Sprache und Sprachgebrauch

Sprache zur Verständigung gebrauchen, fachliche Kenntnisse erwerben, über Verwendung von Sprache nachdenken und sie als System verstehen

Orientierung an Texten

In allen Kompetenzbereichen kommt dem Textbegriff eine zentrale Rolle zu: „Texte zu verstehen, ihnen weiterführende, sachgerechte Informationen zu entnehmen, sich mündlich und schriftlich in unterschiedlichen Situationen zu verständigen, verschiedene Schreibformen zu beherrschen, Medien fachbezogen zu nutzen und vor allem interessiert und verständig zu lesen, aber auch die Entfaltung kreativer Potenziale sind die zentralen Kompetenzen, die für die Teilhabe am gesellschaftlichen Leben, für die Vorbereitung einer beruflichen Ausbildung und für die Fortsetzung der Schullaufbahn wesentlich sind" (Bildungsstandards im Fach Deutsch für den Mittleren Schulabschluss 2003, 7). Neben der grundsätzlichen Textorientierung der Kompetenzen ist auch deren Verzahnung von essenzieller Wichtigkeit. Soll mit dieser Verzahnung Ernst gemacht werden, so müssen eine Vielzahl von Sprachbüchern neu konzipiert werden und manche Lehrer müssen ihren Unterricht umstellen. So werden beispielsweise die traditionellen Lernbereiche Grammatik- und Wortschatzarbeit (Reflexion über Sprache) grundsätzlich textorientiert eingeordnet und unter dem Rubrum „Sprache und Sprachgebrauch" pragmatisch konstituiert: „Nachdenken über Sprache und Sprachgebrauch bestimmt die Arbeit der Schülerinnen und Schüler in allen Bereichen des Deutschunterrichts. Es dient ihnen dazu, das komplexe Erscheinungsbild sprachlichen Handelns – eigenen und fremden – und die Bedingungen, unter denen es zustande kommt bzw. aufgenommen wird, besser zu verstehen und mündlich wie schriftlich Texte zu verfassen. Sie untersuchen und formulieren Texte nach funktionalen, normativen und ggf. ästhetischen Gesichtspunkten. Im Sinne von ‚Sprache im Gebrauch' arbeiten sie an dem umfassenden Bereich menschlicher Verständigung, im Sinne von ‚Sprache als System' nehmen sie vorwiegend grammatische Erscheinungen und ihre inhaltliche Funktion in den Blick und nutzen diese zur Textherstellung sowie Textüberarbeitung. Somit ist die dafür notwendige grammatische Terminologie nicht im Sinne eines isolierten Begriffswissens, sondern stets im funktionalen Zusammenhang anzuwenden" (Bildungsstandards im Fach Deutsch für den Mittleren Schulabschluss 2003, 10). Konkret bedeutet dies beispielsweise, Schülerinnen und Schüler sollen „grammatische Kategorien und ihre Leistungen in situativen und funktionalen Zusammenhängen kennen und nutzen, insbesondere Tempus, Modus (Indikativ, Konjunktiv I/II), Aktiv/Passiv; Genus, Numerus, Kasus; Steigerung" (Bildungsstandards im Fach Deutsch für den Mittleren Schulabschluss 2003, 16). Der textorientierte, integrative und funktionale Wortschatz- oder Grammatikunterricht wird in der Deutschdidaktik seit langem gefordert und in einzelnen Sprachbüchern (z. B. Deutschbuch 1997) und gesonderten Lehrmaterialien (z. B. Honnef-Becker/Kühn 1996/2000) konsequent realisiert.

Im Kontext der Bildungsstandards spielt das Lesen sowie der Umgang mit Texten und Medien eine herausragende Rolle: „Lesen befähigt die Schülerinnen und Schüler, am gesellschaftlichen und kulturellen Leben teilzuhaben und daran mitzuwirken und fördert in besonderer Weise ihre Persönlichkeitsentwicklung. Deshalb ist es von grundlegender Bedeutung, dass die Schülerinnen und Schüler ein ausgeprägtes und weitgespanntes Leseinteresse entwickeln" (Bildungsstandards im Fach Deutsch für den Mittleren Schulabschluss 2003, 10). Hier decken sich die Zielsetzungen der PISA-Studie mit denen der Bildungsstandards sowie den deutschdidaktischen Forderungen (vgl. z. B. Hurrelmann 1994, Hurrelmann 2002, Kühn 2003). In den Vorschlägen zur Entwicklung der Lesekompetenz werden die Leseziele ähnlich beschrieben wie in den kognitionspsychologischen Ansätzen und der PISA-Studie: Die Schülerinnen und Schüler „entnehmen selbstständig Informationen aus Texten, verknüpfen sie miteinander und verbinden sie mit ihrem Vorwissen. Dafür entwickeln sie verschiedene Lesetechniken und setzen Lesestrategien gezielt ein. Sie verfügen über ein Grundlagenwissen zu Texten, deren Inhalten und Strukturen, reflektieren über Texte und bewerten sie. Sie verfügen über ein Orientierungswissen in Sprache und Literatur und nutzen die verschiedenen Medien, um Informationen zu gewinnen und kritisch zu beurteilen" (Bildungsstandards im Fach Deutsch für den Mittleren Schulabschluss 2003, 10). Diese Zielsetzungen entsprechen den neueren lesedidaktischen und -methodischen Anforderungen (vgl. Kapitel 3) und werden durch die Beschreibung von Einzelkompetenzen konkretisiert (vgl. Bildungsstandards im Fach Deutsch für den Mittleren Schulabschluss 2003, 14 f.), z. B.:

Ziel: Entwicklung von Lesekompetenz

- Beherrschung verschiedener Lesetechniken (z. B. flüssig, sinnbezogen, überfliegend, selektiv, navigierend lesen);
- Leseerwartungen nutzen;
- Wortbedeutungen aus dem Kontext klären;
- Textschemata erfassen: z. B. Textsorte, Aufbau des Textes, thematische Entwicklung nachzeichnen;
- Verfahren der Textstrukturierung kennen und selbstständig anwenden: z. B. Mit-dem-Bleistift-Lesen (Randbemerkungen setzen, Nominalstil, Stichwörter, Symbole, Farbmarkierungen, Unterstreichungen usw.), Zwischenüberschriften formulieren, wesentliche Textstellen kennzeichnen, Bezüge zwischen Textteilen herstellen, Fragen aus dem Text ableiten und beantworten;
- Informationen zielsicher entnehmen: Textaussagen erklären und konkretisieren, Stichwörter formulieren, Texte und Textabschnitte zusammenfassen, Informationen

Was sollen Schüler können?

ordnen, vergleichen, prüfen, ergänzen; Inhalte mit eigenen Worten wiedergeben oder veranschaulichen (z. B. durch Mindmap, Flussdiagramm);
- verschiedene Textsorten und Textfunktionen im Bereich von Sach- und Gebrauchstexten unterscheiden: z. B. Informieren (Nachricht), Appellieren (Kommentar), Regulieren (Vertrag), Instruieren (Gebrauchsanweisung); Informationen und Wertungen unterscheiden;
- nichtlineare Texte auswerten (z. B. Schaubilder, Tabellen, Statistiken);
- Intentionen des Textautors erkennen, insbesondere den Zusammenhang zwischen Autorintention(en), Textmerkmalen, Leseerwartungen und Wirkungen; Intentionen erkennen und bewerten;
- literarische Texte lesen, bewerten und nutzen; eigene Deutungen des Textes entwickeln und am Text belegen; analytische (z. B. Textvergleich) und kreative (z. B. Perspektivenwechsel) Methoden anwenden.

Diese Hinweise auf konkrete Lesefertigkeiten lassen sich ergänzen (vgl. Menzel 2002, 22 f.; Honnef-Becker/Kühn/Melan/Reding 2003, 47 ff.) und können als Vorstufen zur Ausarbeitung eines textsortenorientierten Lesecurriculums im Fach Deutsch angesehen werden. Die abschließenden Tipps zum Leseverstehen können den Lehrern Hinweise geben, wie eine solche Lesedidaktik konzipiert sein könnte und sich methodisch realisieren lässt:

1.5 10 Tipps für das Leseverstehen

[1] Vor dem Lesen müssen die Schüler über die Verstehensziele und anzuwendenden Verstehensstrategien informiert werden. Ohne diese Angaben werden beim Schüler die falschen Einstellungen gefördert, alle Textinformationen seien gleich wichtig und er müsse alle Details dekodieren. Zudem wird suggeriert, Verstehen sei Behalten.

[2] Beginnen Sie das Leseverstehen mit konzeptgeleiteten Fragen: Wo findet man solche Texte? Wer hat den Text geschrieben? An wen richtet sich der Text? Was für eine Textsorte liegt vor? Über welches Thema handelt der Text? Wie ist der Text gegliedert? Was bezweckt der Autor des Textes? usw. Vermeiden Sie das Wort-für-Wort- und Satz-für-Satz-Lesen. Versuchen Sie, mit den Schülern zu Beginn der Verstehensarbeit die Gesamtbedeutung zu erarbeiten. Die Aufgaben sollten auf die pragmatische Situierung des Textes bezogen sein.

[3] Versuchen Sie zu Beginn des Leseverstehens, vom Bekannten und Verstandenen auszugehen („Was habt ihr verstanden?"). Der Hinweis auf Unverstandenes („Was habt ihr nicht verstanden?") fördert Wort-für-Wort-Strategien und ist wenig motivierend. Versuchen Sie dem Schüler die Strategie zu vermitteln, Nichtverstandenes aufgrund des Bekannten zu erschließen. Dabei müssen die Schüler auch dazu angeleitet werden, ihr Vorwissen zu aktivieren (Antizipieren) und begründete Hypothesen aufzustellen (Inferieren). Lesen bedeutet leserabhängige Sinnzuschreibung an einen Text.

[4] Das Lesen beginnt vor dem eigentlichen Lesen des Textes. Berücksichtigen Sie bei der Planung des Leseverstehens das Phasen-Modell: Stellen und formulieren Sie Aufgaben vor, während und nach dem Lesen. Die Aufgaben zum Leseverstehen sollten sich an natürlichen Lesesituationen anlehnen und unterschiedliche Lesestrategien berücksichtigen. Die Verschiedenartigkeit der Lesestrategien kovariiert dabei mit der Textsorte, der Textthematik sowie den möglichen Leseinteressen.

[5] Versuchen Sie beim Aufbau der Lesekompetenz über die Aufgaben vor allem das Verstehen zu steuern und weniger zu kontrollieren. Formulieren Sie die Verstehensaufgaben als Verstehenshilfen. Lenken Sie das Verstehen zu Beginn

durch Verstehensaufgaben und fördern Sie anschließend die selbstständig anzuwendenden Verstehensstrategien.

6. Das konzept- und datengeleitete Leseverstehen erfordert das stille oder leise Lesen. Lautes Vorlesen durch den Schüler fördert höchstens die Gewohnheit, sich Wort für Wort durch den Satz bzw. den Text vorzuarbeiten. Vorlesen lernt man eher durch Mitlesen. Das laute Vorlesen ist bei der Schaffung von Lesekompetenz eine Endleistung und keine Anfangsleistung. Adäquates Vorlesen ist erst möglich, wenn man den Text verstanden hat.

7. Denken Sie daran, dass es beim sinnzuschreibenden Lesen grundsätzlich keinen Unterschied zwischen dem Leseprozess von Leseanfängern und von kompetenten Lesern gibt. Die konzeptgeleitete Sinnzuschreibung als grundlegende Verstehensprozedur des Lesens gilt von Anfang an. Gerade die Schüler, die beim datengeleiteten Lesen Probleme haben (z. B. Migrantenkinder), können über das konzeptgeleitete Lesen Verstehensdefizite wettmachen und schneller ausgleichen.

8. Versuchen Sie, den Schüler als Leselerner zu sehen und ihm die Rolle eines aktiven Lesers zuzuweisen. Der Leselerner ist kein Textdekodierer, sondern ein Leser, der – ähnlich wie im Alltag – unterschiedliche Texte und Textsorten aufgrund verschiedener Leseinteressen und -motive liest. Der Leselerner sollte die Möglichkeit erhalten, seine Verstehensziele selbst zu formulieren oder Fragen an den Text zu stellen, die seinem Interesse und Informationsbedürfnis entsprechen. Dies schafft Lesemotivation und fördert die reflexive Auseinandersetzung mit dem Text.

9. Das Leseverstehen muss als hypothesengeleiteter Verarbeitungsprozess verstanden werden. Bei diesem Verstehensprozess handelt es sich um ein wechselseitiges Zusammenspiel von konzeptgeleiteten und datengesteuerten Aktivitäten. Die Aufgaben und Übungen zum Leseverstehen müssen auf beide Verarbeitungsprozesse ausgerichtet sein. Nur so gelingt ein Textverständnis, das über die Informationsermittlung hinausgeht und ein textbezogenes Interpretieren, Reflektieren und Bewerten ermöglicht.

10. Zur Ausbildung der Lesekompetenz müssen authentische Texte und vor allem verschiedenartige Textsorten aus den unterschiedlichsten Kommunikationsbereichen zugrunde gelegt werden.

Literatur

Aust 1996 = Aust, Hugo: Die Entfaltung der Fähigkeit des Lesens. In: Hartmut Günther und Otto Ludwig (Hrsg.): Schrift und Schriftlichkeit. Writing and its Use. Ein interdisziplinäres Handbuch internationaler Forschung. Zweiter Halbband. Berlin, New York: de Gruyter 1996, 1169–1178.

Bildungsstandards im Fach Deutsch 2003 = Bildungsstandards für das Fach Deutsch. Grundschule Klasse 4. Bildungsstandards im Fach Deutsch für den Mittleren Bildungsabschluss. Bildungsstandards für das Fach Deutsch Realschule Klasse 10. Hrsg. vom Sekretariat der Ständigen Konferenz der Kultusminister der Länder in der Bundesrepublik Deutschland. Referat II A3. Postfach 2240. D-53012 Bonn.

Deutschbuch 1997 = Deutschbuch. Sprach- und Lesebuch. Hrsg. von Heinrich Biermann und Bernd Schurf unter Beratung von Karlheinz Fingerhut. Berlin: Cornelsen.

Feilke 2002 = Feilke, Helmuth: Lesen durch Schreiben. Fachlich argumentierende Texte verstehen und verwenden. In: Praxis Deutsch 29. 176/2002, 58–64.

Fingerhut 2002 = Fingerhut, Karlheinz: Die Evaluation des Leseverständnisses durch die PISA-Studie und der Literaturunterricht in der Sekundarstufe I. In: Deutschunterricht 55. 3/2002, 39–45.

Fritzsche 2003 = Fritzsche, Joachim: „Haben Sie den Text eigentlich verstanden?" Leseverständnis kontrollieren durch Multiple-Choice-Tests und andere Verfahren. In: Der Deutschunterricht 56. 5/2003, 11–18.

Goodman 1976 = Goodman, Kenneth S.: Reading: A Psycholinguistic Guessing Game. In: Harry Singer und Robert B. Ruddell (Hrsg.): Theoretical Models and Processes of Reading. Newark, Del.: Intern. Reading Assoc., 497–508.

Honnef-Becker/Kühn 1996/2000 = Honnef-Becker, Irmgard, Peter Kühn: Grammatik-Baukasten. Grammatikübungen an Texten für das 5. Schuljahr. Darmstadt: Auer 1996. Grammatikübungen an Texten für das 6. Schuljahr. Darmstadt: Auer 2000.

Honnef-Becker/Melan/Kühn/Reding 2003 = Honnef-Becker, Irmgard, Peter Kühn, Fernand Melan, Pierre Reding: Deutsch. Die standardisierten Prüfungen zum Abschluss der Primärschule. Luxembourg: Ministère de l'éducation nationale 2003.

Hörmann 1981 = Hörmann, Hans: Einführung in die Psycholinguistik. Darmstadt: Wissenschaftliche Buchgesellschaft 1981.

Hurrelmann 1994 = Hurrelmann, Bettina: Leseförderung. In: Praxis Deutsch 21. 127/1994, 17-26.

Hurrelmann 2002 = Hurrelmann, Bettina: Lesen lernen dauert ein Leben lang. In: Praxis Deutsch 29. 176/2002, 6–18.

Kühn 2001 = Kühn, Peter: Informationen suchen, sammeln und bewerten. In: Lernchancen 4. 21/2001, 5–12.

Kühn 2002 = Kühn, Peter: PISA und die Lesekompetenz: Wie die Muttersprachendidaktik von der Fremdsprachendidaktik (Deutsch als Fremdsprache) profitieren kann. In: Der Deutschunterricht 54. 4/2002, 91–95.

Kühn 2003 = Kühn, Peter: Leseverstehen und Lesekompetenz: Verstehenstheoretische Konzepte und didaktische Folgerungen. In: Irmgard Honnef-Becker, Peter Kühn, Fernand Melan, Pierre Reding: Deutsch. Die standardisierten Prüfungen zum Abschluss der Primärschule. Luxembourg: Ministère de l'éducation nationale 2003, 8–40.

Lindsay/Norman 1977 = Lindsay, Peter H. und Donald A. Norman: Human information processing. An introduction to psychology. 2. Auflage. New York: Academic Press 1977.

Ludwig 2002 = Ludwig, Otto: PISA 2000 und der Deutschunterricht. In: Der Deutschunterricht 54. 3/2002, 82–85.

Manguel 1998 = Manguel, Alberto: Eine Geschichte des Lesens. Berlin: Volk & Welt 1998.

Menzel 2000 = Menzel, Wolfgang: Lesen lernen dauert ein Leben lang. Methoden zur Verbesserung der Lesefähigkeit und des Textverständnisses. In: Praxis Deutsch 29. 176/2002, 20–24.

Müller 2000 = Müller, Astrid: Sachtexte lesen und verstehen. Bedeutung des Lesens und Verstehens. In: Lernchancen 3. 13/2000, 4–12.

PISA 2001 = PISA 2000. Basiskompetenzen von Schülerinnen und Schülern im internationalen Vergleich. Hrsg. von Jürgen Baumert, Eckhard Klieme, Michael Neubrand u. a. Opladen: Leske + Budrich 2001.

Rosebrock 2002 = Rosebrock, Cornelia: Folgen von PISA für den Deutschunterricht. In: Praxis Deutsch 29. 174/2002, 51–55.

Rosebrock 2003 = Rosebrock, Cornelia: Lesesozialisation und Leseförderung – literarisches Leben in der Schule. In: Michael Kämper van den Boogaart (Hrsg.): Deutsch-Didaktik. Leitfaden für die Sekundarstufe I und II. Berlin 2003, 153–174.

Spinner 2002 = Spinner, Kaspar H.: Über PISA-Aufgaben nachdenken. In: Praxis Deutsch 29. 176/2002, 50–52.

Westhoff 1987 = Westhoff, Gerard J.: Didaktik des Leseverstehens. Strategien des voraussagenden Lesens mit Übungsprogrammen. München: Hueber 1987.

2. Konzeption und Aufbau der Lesekompetenz-Tests

Die folgenden Lesekompetenz-Tests sind einerseits dem wissensgesteuerten Verstehenskonzept verpflichtet, das auch der PISA-Studie zugrunde liegt, andererseits erfüllen sie auch – mit Ausnahme des Sprechens – die Anforderungen der Bildungsstandards in Bezug auf die integrative Behandlung der unterschiedlichen Kompetenzbereiche im Fach Deutsch. Die vorliegenden Tests beziehen sich auf folgende Kompetenzbereiche des Deutschunterrichts: auf das Lese- und Hörverstehen, auf das Schreiben, auf die Grammatik und Wortschatzarbeit sowie auf die Rechtschreibung. Im Mittelpunkt der Tests steht die Arbeit mit Texten. Somit stellen die Tests einen Beitrag zur Entwicklung von Lesekompetenzen sowie zur Förderung von Leseinteresse und Lesefreude dar. Die Sprechfähigkeiten der Schülerinnen und Schüler müssen von den Lehrern aus dem Unterricht heraus bewertet werden.

Sämtliche Tests sind konzipiert für das 5. und 6. Schuljahr und können schulformübergreifend eingesetzt werden. Die Tests liegen dabei vorwiegend in standardisierter Form vor, um möglichst viele Kompetenzbereiche objektivierbar zu messen – wohlwissend, dass im Unterricht selbst eine Vielfalt von Methoden praktiziert wird. Die Aufgaben der Tests sind also größtenteils standardisiert (Multiple-choice-Aufgaben), um subjektive Beurteilungen auszuschließen und eine Vergleichbarkeit der erbrachten Leistungen schüler-, klassen- und schulbezogen zu ermöglichen. Neben den rein standardisierten Aufgaben enthält jeder Test auch offene Aufgabenstellungen (z. B. Bildergeschichten, Briefe, Erlebniserzählungen), in denen die Schüler ihre individuelle und kreative Leistungsfähigkeit unter Beweis stellen können.

Die einzelnen Tests beziehen sich auf folgende Kompetenzbereiche:

(1) Textverstehen

In der heutigen Verstehensdidaktik wird das Verstehen als aktiver Prozess begriffen und die Bedeutung des interpretierenden Lesers herausgestellt. Der Leser ist keine „Maschine", der die Wörter aus dem Text nach und nach erfasst und Wort für Wort dekodiert; vielmehr ordnet er die Textinformationen aufgrund seines Vorwissens in größere Zusammenhänge ein und bewertet ihn auf der Basis seiner Wertungsmaßstäbe. Was ist das für ein Text? Wer schreibt wem mit welcher Absicht? Wo und wann? Worum geht es in dem Text? Wie ist der Text aufgebaut? Welche Themen behandelt der Text? Was gefällt oder missfällt am Text? Die Antworten auf diese Fragen ermöglichen ein globales Lesen des Textes. Dieses Globalverstehen steht am Beginn des Leseprozesses. Erst nachdem der Leser sich über den Text orientiert hat, kann er Detailinformationen aus dem Text herauslesen. Beim detaillierten Lesen geht es darum, einzelne Textpassagen bis zur Wortebene aus dem Kontext zu ermitteln. Sucht man gezielt bestimmte Informationen in einem Text, spricht man vom selektiven Lesen: Das selektive Lesen erfolgt im Sprachunterricht vor allem über gezielte Fragen. Der Verstehensprozess wird bestimmt durch das Zusammenspiel dieser verschiedenen Lesestrategien.

Das Leseverstehen weist eine Reihe von Parallelen, aber auch eine Reihe von Unterschieden zum Hörverstehen auf: Beim Leseverstehen kann sich der Leser auf den vorliegenden Text konzentrieren und bestimmte Textstellen wieder nachlesen, während der Hörtext nur kurz aufgenommen werden kann und sich der Hörer der Struktur und Geschwindigkeit des Hörtests anpassen muss. Aus diesem Grund werden in den Tests vor allem Lesetexte behandelt und das Hörverstehen wird häufig mit Lesetexten kombiniert.

(2) Wortschatzarbeit

In den vorliegenden Tests wird die Wortschatzarbeit nicht isoliert durchgeführt, sondern ist bezogen auf Aufgaben zum Leseverstehen (rezeptive Wortschatzarbeit) sowie auf die Aufgaben zum Schreiben (produktive Wortschatzarbeit). Bei der rezeptiven Wortschatzarbeit geht es vor allem darum, Wortbedeutungen aus einem Text zu bestimmen oder zu umschreiben. Diese Art der Wortschatzarbeit gehört zum textnahen Lesen. Die

Schüler müssen sich dabei konzentriert und intensiv mit dem Text beschäftigen, um die Wortbedeutungen aus dem Zusammenhang erschließen zu können. Bei der produktiven Wortschatzarbeit müssen die Schüler beispielsweise passende Wortverknüpfungen finden sowie treffende und anschauliche Wörter in Texten einsetzen. Die produktive Wortschatzkompetenz wird allerdings vor allem bei den freien, nicht standardisierten Schreibaufgaben gefordert (vgl. z. B. Fantasiegeschichte S. 91, Bildergeschichte S. 113, Brief an Bürgermeister S. 130).

(3) Grammatikarbeit

Die Grammatikarbeit erfolgt – ähnlich wie die Wortschatzarbeit – nicht isoliert und analytisch, sondern ist satz- und textbezogen und mit den zentralen Lernbereichen des Deutschunterrichts vernetzt. Die Aufgaben zur Grammatik sind dabei sowohl auf das Verstehen als auch auf das Formulieren von Sätzen sowie Schreiben von Texten orientiert. Die Auswahl der grammatischen Themen ergibt sich daher auch aus diesen Zielsetzungen und den jeweiligen Texten und Textsorten: Bei Geschichtstexten, in denen historische Abläufe und Ereignisse geschildert werden, bietet es sich beispielsweise an, Aufgaben zum Präteritum oder zur temporalen Verknüpfung (z. B. Zeitadverbien) zu behandeln. In einem Unfallbericht können dagegen eher adverbiale Bestimmungen (z. B. Orts- oder Zeitangaben) zum grammatischen Thema werden. In den vorliegenden Tests werden u. a. folgende grammatische Themen behandelt: Satzglieder zur Vervollständigung von Texten einsetzen, Perfekt und Präteritum in den entsprechenden Textsorten korrekt gebrauchen, verschiedene Texte mithilfe von Pronomen, Konjunktionen, Adverbien sinnvoll miteinander verknüpfen, mit Wörtern Sätze konstruieren und dabei Wortstellung und Satzbau beachten, passende Adjektive in korrekter Form (Deklination) in Texten gebrauchen, verschiedene grammatische Mittel z. B. für Begründungen *(weil, wegen, deshalb)*, Vermutungen *(vielleicht, es könnte sein, ich vermute)*, Ziel und Zweck *(damit, um … zu)* verwenden.

(4) Rechtschreibung

In den Tests spielt auch die Rechtschreibung eine wichtige Rolle. Am aussagekräftigsten sind dabei die Aufgaben zum freien Schreiben, da der Beurteiler hier einen Gesamteindruck der Rechtschreibkompetenz gewinnt. In standardisierter Form wird die Rechtschreibung in den Tests vor allem durch Lückendiktate getestet. Betont werden muss dabei, dass diese Diktate – wie die Wortschatz- und Grammatikaufgaben – themen- und textbezogen durchgeführt werden. Es handelt sich also nicht um konstruierte Diktattexte mit einer künstlichen Anhäufung verschiedenster Rechtschreibprobleme, sondern um authentische Texte, die für die Schüler motivierender sind und den Diktatcharakter in den Hintergrund treten lassen.

(5) Schreiben

Das Schreiben wird in den Tests an verschiedenen Stellen thematisiert. Zum einen in Verbindung mit anderen Fertigkeitsbereichen – Leseverstehen, Hörverstehen, Wortschatz, Grammatik –, zum anderen als freies Schreiben. Während die Schüler bei der Text- und Grammatikarbeit vor allem Wörter und Sätze schreiben oder Textpassagen überarbeiten, geht es beim freien Schreiben darum, einen Text selbstständig zu verfassen: von der Planung über erste Formulierungen bis hin zur grammatisch und orthographisch korrekten Reinschrift in treffender Wortwahl. In den vorliegenden Tests geht es bei den Aufgaben zum freien Schreiben beispielsweise darum, verschiedene Formen von Geschichten zu verfassen (Fantasiegeschichte, Fortsetzungsgeschichte), zu vorgegebenen Bildern Geschichten zu erfinden und aufzuschreiben, um das Verfassen von Briefen oder kreativ über einen Perspektivenwechsel die Rolle einer literarischen Figur einzunehmen. Es handelt sich hier insofern um ein „freies" Schreiben, als die Schüler die entsprechenden Texte selbstständig entwerfen, überarbeiten und formulieren müssen. Aber auch diese „freien" Schreibaufgaben werden durch bestimmte Vorgaben (z. B. Bilder oder Fragen) gesteuert, sodass die Schüler eine Hilfe beim Schreiben und die Lehrkräfte einen entsprechenden Korrekturmaßstab geboten bekommen. Auch wenn sich das freie Schreiben einer konsequenten Standardisierung entzieht, so lassen sich gleichwohl Kriterien der Beurteilung festlegen.

Sämtliche Tests werden für die Lehrerin und den Lehrer in gleicher Weise kommentiert:

(1) Thema und Textauswahl

Zunächst werden Thema und Textauswahl des Tests legitimiert und kommentiert.
Alle Aufgaben der Tests sind auf ein bestimmtes Thema bezogen. Die Themenauswahl ist dabei auf den Erfahrungshorizont und die Lebenswelt der Schülerinnen und Schüler hin orientiert. Damit sind die Lesetexte konsequent thematisch eingebunden. Nur so können beim Verstehen auch konzeptgeleitete Prozesse optimal genutzt werden, wie dies auch in authentischen Lesesituationen außerhalb des Unterrichts der Fall ist. Zu den bisherigen Themen gehören z. B. Kinderparlament, Konflikte in der Familie, Lebensalltag früher und heute, Kinderkrimi, Beziehung zwischen Mensch und Tier.
Die Auswahl der Texte bei der Überprüfung der Verstehenskompetenzen orientiert sich einerseits an curricularen Vorgaben, andererseits an den Interessen der Schüler und Schülerinnen. Die Textbearbeitung setzt kein Sach- oder Fachwissen voraus. Die Texte bzw. Textausschnitte stammen entweder aus der Kinder- und Jugendliteratur oder aber es handelt sich um Gebrauchstexte, z. B. um Sachtexte, Medientexte, Briefe, Lexikonartikel, Bildergeschichten usw. Basis eines jeden Tests sind also authentische Texte.

(2) Abfolge der Aufgaben

Alle Tests sind lernschrittprogressiv aufgebaut und ermöglichen damit allen Schülern die stufenweise Einarbeitung in Thematik und Aufgabenstellungen. So werden beispielsweise alle Schüler durch thematische Vorentlastungen oder Orientierungen (z. B. über Autor, Aufbau und Inhalt eines Buches) auf den gleichen Informationsstand gebracht, von dem aus sie die weiteren Aufgaben in Angriff nehmen können. Auch die Abfolge der Aufgabenblöcke ist lernschrittprogressiv: So müssen die Schüler beispielsweise zunächst Aufgaben zum Globalverstehen lösen und haben sich einen Überblick über den Text verschafft, ehe sie Aufgaben zum selektiven Verstehen bearbeiten müssen.
Jeder Test enthält eine Vielzahl unterschiedlicher Aufgaben und Aufgabentypen zu den Kompetenzbereichen Leseverstehen, Hörverstehen, Schreiben, Grammatik, Wortschatz und Rechtschreibung. Die Vielfalt der Texte und der dazugehörenden Aufgaben bestimmt auch die äußere Form und Aufmachung jeder Prüfung: Die Texte sind im Originallayout abgedruckt und wirken dadurch nicht wie Prüfungstexte. Die Illustrationen haben verschiedene Funktionen: Sie sollen Textinhalte illustrieren, Erwartungen und Assoziationen wecken, auf das Thema vorbereiten, als Vorlage zum Schreiben eingesetzt werden oder auch der Auflockerung dienen. Ziel des skizzierten Aufbauprinzips ist, den Schülerinnen und Schülern die Angst vor der Prüfung zu nehmen und die Testfunktion in den Hintergrund treten zu lassen.
Bei der Formulierung der Aufgaben spielt auch das Verständlichkeitskriterium eine wichtige Rolle. Gerade bei den Aufgabenformulierungen hat die PISA-Studie große Schwächen: Nicht selten finden sich lange und mehrschichtige Hypotaxen mit schwierigen Bezügen (z. B. „Gib zwei Beispiele aus dem Leitartikel an, die zeigen, wie moderne Technologien, wie die, die zur Implantation eingefrorener Embryonen angewendet werden, neue Regeln erfordern."), schwierige Nominalisierungen, komplizierte Erweiterungen teilweise unter Einschluss komplexer Partizipialkonstruktionen oder einfach inhaltsüberladene Aufgabenformulierungen (z. B. „Nachdem Frau Petersen das Informationsblatt in Umlauf gebracht hatte, sagte ihr ein Kollege, sie hätte den Satz ‚Jeder, der sich vor dem Virus schützen möchte' weglassen sollen, weil er irreführend sei.").

(3) Kompetenzbereiche und Lösungsschlüssel

Die Angabe und Erläuterung der Kompetenzbereiche sowie die Differenzierung und Relationierung der Einzelkompetenzen zu Aufgaben(blöcken) in den Tests erlaubt es den Lehrern, den Test als Sprachdiagnose-Test zu nutzen. In den Tests geht es nicht in erster

Linie darum, die Leseleistungen der Schülerinnen und Schüler zu kontrollieren, denn mithilfe des Tests können Lesefertigkeiten der Schüler differenzierter eingeschätzt und beurteilt werden. Fehler sollen dabei nicht als ausschließlich negativ bewertet, sondern zur Sprachstandsdiagnose genutzt und als Lernchance begriffen werden: Fehler dokumentieren den Lernprozess eines jeden Schülers und geben dem Lehrer Hinweise, wie er seinen Unterricht differenzieren und auf die Lernbedürfnisse des Schüler oder der ganzen Klasse ausrichten kann. Der Lehrer hat über die Angabe der Kompetenzbereiche und Aufgabenstellungen die Möglichkeit, die unterschiedlichen Lesekompetenzen seiner Schüler präzise zu diagnostizieren und die festgestellten Defizite gezielt anzugehen. Die Lösungsschlüssel ermöglichen eine schnelle und unkomplizierte Auswertung der Tests.

(4) Durchführung der einzelnen Prüfungen

Die konsequente Themenorientierung der einzelnen Prüfungssets hat den Vorteil, die Tests als in sich abgeschlossene Unterrichtssequenzen einzusetzen.

Die testinterne Unterteilung in Teil 1–3 gestattet allerdings eine zeitliche Staffelung der einzelnen Tests. In der Regel ist für die Großkapitel Teil 1 und Teil 2 jeweils eine Zeitstunde zu veranschlagen. Ob Teil 1 und 2 an einem Unterrichtstag durchgeführt oder auf zwei Tage verteilt werden soll, bleibt dem Lehrer überlassen. Bei Teil 3 handelt es sich um eine (komplexe) Textproduktionsaufgabe, die unabhängig und zeitversetzt zu Teil 1 und Teil 2 geschrieben werden kann. Hier bestimmt der Lehrer in Abhängigkeit seiner Klasse den Zeitrahmen.

Enthält ein Test Hörverstehensaufgaben, so werden die dazugehörenden Hörtexte im Aufgabenkommentar abgedruckt; sie können vom Lehrer vorgetragen werden.

Die interne Gliederung der Großkapitel in Aufgaben erlaubt es dem Lehrer, bestimmte Testteile auszuklammern, wenn er dies aus zeitlichen oder inhaltlichen Gründen für notwendig hält. Der thematische Faden der einzelnen Prüfung bleibt durch solche Auslassungen unbeeinflusst, da die Aufgaben eine inhaltliche Einheit bilden. Lediglich der Test über „Emil und die Detektive" sollte als geschlossene Einheit behandelt werden, weil in diesem Test ausschnittsweise die Lektüre eines ganzes Buches Thema des Lesekompetenz-Tests ist.

Bei der Durchführung der Aufgaben sollen die Schüler einen Bleistift und einen Radiergummi benutzen. Der Lehrer soll die Schüler darauf hinweisen, zuerst alle Antwortmöglichkeiten genau durchzulesen. Zu jeder Frage gibt es nur eine einzige richtige Antwort. Unbekannte Ausdrücke werden nicht erklärt, Wörterbücher sind nicht zugelassen.

Konzeption und Aufbau der PISA-Fragebögen vermitteln den Eindruck von punktueller Kontrolle und Überprüfung. Die Anlage der vorliegenden Tests ist dagegen so konzipiert, dass Lesekompetenzen nicht nur evaluiert, sondern durch den Test selbst auch vermittelt und aufgebaut werden kann. Die vorliegenden Tests können damit auch didaktisch-methodische Anregungen liefern und sollen auch als Muster für das produktive Training von Leseverstehenskompetenzen verstanden und gebraucht werden.

Das vorliegende Aufgabenpaket ist erstmals im Auftrag des luxemburgischen Erziehungsministeriums erarbeitet worden. Alle Tests sind im Großherzogtum Luxembourg erprobt (vgl. hierzu Irmgard Honnef-Becker, Peter Kühn, Fernand Melan, Pierre Reding: Deutsch. Die standardisierten Prüfungen zum Abschluss der Primärschule. Hrsg.: Ministère de l'éducation nationale. Luxembourg 2003).

3. Die Tests

3.1 Emil und die Detektive

(1) Thema und Textauswahl

Thema und Aufgaben der standardisierten Prüfung beziehen sich alle auf das Buch „Emil und die Detektive" von Erich Kästner. Dieser Klassiker der Kinder- und Jugendliteratur ist 2001 im Cecilie Dressler Verlag, Hamburg/Atrium Verlag, Zürich neu erschienen und von Peter Zenk neu verfilmt worden. Das Buch wurde erstmals 1928 veröffentlicht und begeistert nach wie vor Kinder und Erwachsene, wie nicht zuletzt die zahlreichen Materialien, Texte (z. B. Reaktionen von Kindern) und Unterrichtsvorschläge im Internet bezeugen. Dies liegt nicht nur an der spannenden Detektivgeschichte, sondern auch am Identifikationsangebot, das die Personen des Buches liefern: Emil und seine Freunde bilden eine solidarische Gemeinschaft, die kooperativ die Probleme anfasst und eigenständig in der Welt der Erwachsenen agiert.

Wenn ein solch bekanntes Buch behandelt wird, muss man davon ausgehen, dass einige Schüler das Buch bereits kennen. Dies spielt bei der Bearbeitung und besonders bei der Beurteilung allerdings keine Rolle. Lediglich bei drei Aufgaben, die sich auf das Globalverstehen beziehen (Aufgabe 2, 3 und Aufgabe 7) könnte das Vorwissen hilfreich sein; diese Aufgaben werden bei der standardisierten Auswertung nicht berücksichtigt, können allerdings zur Beurteilung der Schreibfähigkeit des Schülers herangezogen werden. Für diese wie für alle anderen Aufgaben gilt: Sie sind lösbar, ohne dass das Buch vorher bekannt war oder gelesen wurde. Es kommt darauf an, dass die Kinder die ausgewählten Textpassagen genauestens lesen beziehungsweise hören sowie die Arbeitsanweisungen befolgen.

In der vorliegenden Prüfung können selbstverständlich nur Auszüge aus der Geschichte behandelt werden. Diese sind aber so ausgewählt, dass sie dem Leseprozess entsprechen und den Hergang der Geschichte schrittweise deutlich machen: angefangen bei Autor und Titel über die Vorstellung der Personen bis hin zu den Schlüsselstellen des Romans (Diebstahl und Überführung des Täters durch Emil und die Detektive).

Die Einführung in die Prüfung („Wir informieren uns über ein Buch...") dient der Orientierung über das Buch: Die Lehrer sollen diese Einführung gemeinsam mit der Klasse ausfüllen und im Gespräch die Schüler auf diese Art und Weise an das Buch heranführen.

(2) Abfolge der Aufgaben

Teil 1

In Aufgabe 1 geht es um das Lesen und Verstehen desjenigen Buchkapitels, in dem die Personen eingeführt werden. Der Autor Erich Kästner stellt zu Beginn seines Romans die Hauptfiguren und Schauplätze vor. Für diese Prüfung ausgewählt wurden die Porträts von Emil und seiner Mutter. In den dazugehörenden Aufgaben geht es um die Fähigkeit des „Zwischen-den-Zeilen-Lesens". Die Schüler müssen sehr genau lesen (Detailverstehen) und dabei auch implizite Informationen erschließen (z. B.: Aus der Tatsache, dass Emil manchmal Spiegeleier für sich und seine Mutter brät, kann auf die Selbstständigkeit Emils und sein kooperatives Verhalten zu seiner Mutter geschlossen werden). Bei der Beantwortung der Fragen müssen die Schüler für bestimmte Thesen die entsprechenden Belege im Text finden und in Form von *dass*-Sätzen korrekt und sinngemäß formulieren.

In Aufgabe 2 geht es darum, dass die Kinder den Ablauf der Geschichte rekonstruieren: Wo spielt die Geschichte, wer könnte der Täter sein usw. (Globalverstehen). Dies wird anhand eines Hörverstehens durchgeführt (Hörtext S. 23–25). Wichtig ist dabei, dass den Schülern die Aufgaben, die das Verstehen steuern und lenken, vor dem Hören präsentiert werden. Die Kontrolle des Hörverstehens ist dabei gekoppelt an das Schreiben: Die Schüler sollen *W*-Fragen in ganzen Sätzen beantworten.

Teil 2

Ausgangspunkt von Aufgabe 3 ist die Szene, in der Emil ohne Fahrschein in Berlin unterwegs ist. Bei den Fragen geht es um das Herausarbeiten von Gefühlen und Motiven der Personen. Es gilt Handlungen und Aktionen zu verstehen: Wie fühlt sich Emil? Warum fühlt sich Emil so? Warum steigt Emil nicht aus? Warum sagt Emil nicht die Wahrheit? Die Schüler sollen ihre Vermutungen und Begründungen in ganzen Sätzen niederschreiben.

Aufgabe 4 ist ein standardisiertes Leseverstehen (Detailverstehen). Dabei müssen Wortbedeutungen aus dem Text erklärt werden. Ausgewählt wurde eine Dialogszene aus dem Roman, die durch Umgangssprache und Redewendungen charakterisiert ist. Durch die Beantwortung der Fragen erkennen die Schüler, was sich zwischen den Gesprächspartnern (Emil und Gustav) abspielt und wie sich die Beziehung dieser beiden Personen entwickelt. Aufgabe 5 und 6 haben einen grammatischen Schwerpunkt; sie prüfen aber gleichzeitig Fähigkeiten, die beim Textschreiben erforderlich sind. In Aufgabe 5 geht es darum, einzelne Sätze sinnvoll miteinander zu verknüpfen (Konjunktionen). Diese Satzverknüpfungen müssen von den Schülern selbstständig formuliert werden (keine Einsetzübung). In Aufgabe 6 müssen Pronomen (auch korrekt dekliniert) eingesetzt werden, mit dem Ziel, beim Schreiben Wiederholungen zu vermeiden.

Teil 3

Im Hörverstehen in Aufgabe 7 wird die Geschichte weitergeführt (Hörtext S. 25 f.). Dabei geht es inhaltlich um die Lösung des Kriminalfalls. Die Schüler sollen heraushören, wie der Täter überführt wird. Der Hörtext ist zwar ziemlich lang, aber es kommt nur darauf an, dass die Schüler das Wesentliche herausarbeiten (selektives Hören) und sprachlich angemessen und korrekt formulieren. Mit Aufgabe 7 ist das Globalverstehen der Geschichte und des Buches abgeschlossen.

Aufgabe 8 ist ein Lückendiktat (Diktattext S. 27): ein Zeitungsbericht über den Fall. Die Schüler sollen nachweisen, dass sie zentrale Schlüsselwörter zum Thema „Verbrecherverfolgung" korrekt schreiben können.

Den Abschluss der Prüfung bildet Aufgabe 9, in der Bilder aus der Neuverfilmung des Romans präsentiert werden. Die Schüler sollen diese Bilder beschriften. Die zu verwendenden Wörter sind vorgegeben. Beim Formulieren der Bildbeschriftungen werden auch grammatische Fähigkeiten überprüft: korrekte Konjugation der Verben, Deklination der Artikel, Nomen und Adjektive, sinnvolle Wortstellung und korrekter Satzbau.

(3) Kompetenzen und Kompetenzbereiche

In der vorliegenden Prüfung geht es um das Lese- und Hörverstehen von Texten, verbunden mit Aufgaben zu Wortschatz und Grammatik. Die Grammatik wird dabei nicht rezeptiv abgefragt, sondern erfolgt produktiv über das Formulieren von vollständigen Sätzen. Alle Aufgaben sind bezogen auf wichtige Kapitel und Textpassagen des Buches „Emil und die Detektive."

Im Einzelnen geht es um folgende Kompetenzen und Lernziele:

- Globalverstehen von Texten – durchgeführt am Hörverstehen
  - Handlungsabläufe rekonstruieren: Schauplatz ermitteln, Handlungsbeteiligte erkennen, Tathergang rekonstruieren, Schlussfolgerungen ziehen (Aufgabe 2);
  - *W*-Fragen beantworten (Aufgabe 2);
  - Kerninformationen festhalten (Aufgabe 7);
- Detailverstehen wichtiger Textpassagen – durchgeführt am Leseverstehen
  - wichtige Textstellen identifizieren (Aufgabe 1);
  - Belege aus dem Text suchen (Aufgabe 1);
  - „Zwischen-den-Zeilen-Lesen" (Aufgabe 1);
  - Gefühle und Motive von Personen herausarbeiten (Aufgabe 3);

- Personenkonstellationen über Wortbedeutungen entschlüsseln (rezeptive Wortschatzarbeit) (Aufgabe 4);
- Sätze überarbeiten und formulieren
  - Sätze miteinander sinnvoll verknüpfen (Aufgabe 5);
  - Wortwiederholungen vermeiden (Aufgabe 6);
  - Bildunterschriften formulieren (Aufgabe 9);
- Rechtschreibung/Diktat
  - Themenwortschatz korrekt schreiben (Lückendiktat) (Aufgabe 8);
- Grammatikarbeit, die auf das Schreiben von Sätzen und Texten bezogen ist.
  - Sätze mithilfe von Konjunktionen (z. B. *weil, obwohl, damit, als, ...*)
  - sinnvoll und korrekt miteinander verknüpfen (Aufgabe 5);
  - Pronomen grammatisch korrekt (Numerus, Genus, Kasus) gebrauchen (Aufgabe 6), um Wortwiederholungen in Texten zu vermeiden;
  - Grammatisch korrekte Sätze bauen: Wortstellung, Verbvalenz, Konjugation, Deklination (Aufgabe 9).

(4) Materialien zum Vorlesen

Aufgabe 2

Ich lese euch jetzt ein Kapitel aus dem Buch vor ...

Emil ist allein unterwegs zur Großmutter nach Berlin-Friedrichstraße.
Dabei geschieht etwas Unvorhersehbares.
Bevor du jetzt die Geschichte hörst, sollst du folgende Fragen mitlesen. Diese Fragen musst du später beantworten. Schreibe ganze Sätze.

1. Wo spielt diese Szene?
2. Warum konnte der Diebstahl geschehen?
3. Wen verdächtigt Emil, das Geld gestohlen zu haben?
4. Weshalb ist der Diebstahl für Emil so schlimm?
5. Wie hatte Emil das Geld gesichert?
6. Woran erkennt Emil den Mann, den er verdächtigt?
7. Warum steigt Emil früher aus als geplant?
8. Weshalb ist es für Emil schwierig, den Dieb nicht aus den Augen zu verlieren?

Hörtext
„Emil und die Detektive"
zu Aufgabe 2 (S. 32 f.)

Emil steigt an der falschen Station aus (Aufgabe 2)

Als er aufwachte, setzte sich die Bahn eben wieder in Bewegung. Er war, während er schlief, von der Bank gefallen, lag jetzt am Boden und war sehr erschrocken. Er wusste nur noch nicht recht, weswegen. Sein Herz pochte wie ein Dampfhammer. Da hockte er nun in der Eisenbahn und hatte fast vergessen, wo er war. Dann fiel es ihm, portionsweise, wieder ein. Richtig, er fuhr nach Berlin. Und war eingeschlafen. Genau wie der Herr im steifen Hut ...
Emil setzte sich mit einem Ruck bolzengerade und flüsterte: „Er ist ja fort!" Die Knie zitterten ihm. Ganz langsam stand er auf und klopfte sich mechanisch den Anzug sauber. Jetzt war die nächste Frage: Ist das Geld noch da? Und vor dieser Frage hatte er eine unbeschreibliche Angst.
Lange Zeit stand er an die Tür gelehnt und wagte nicht, sich zu rühren. Dort drüben hatte der Mann, der Grundeis hieß, gesessen und geschlafen und geschnarcht. Und nun war er fort. Natürlich konnte alles in Ordnung sein. Denn eigentlich war es albern, gleich ans Schlimmste zu denken. Es mussten ja nun nicht gleich alle Menschen nach Berlin-Friedrichstraße fahren, nur weil er hinfuhr. Und das Geld war gewiss noch an Ort und Stelle. Erstens steckte es in der Tasche. Zweitens steckte es im Briefumschlag. Und drittens war es mit einer Nadel am Futter befestigt. Also, er griff sich langsam in die rechte innere Tasche.
Die Tasche war leer! Das Geld war fort!

Emil durchwühlte die Tasche mit der linken Hand. Er befühlte und presste das Jackett von außen mit der rechten. Es blieb dabei: Die Tasche war leer, und das Geld war weg.

„Au!" Emil zog die Hand aus der Tasche. Und nicht bloß die Hand, sondern die Nadel dazu, mit der er das Geld vorhin durchbohrt hatte. Nichts als die Stecknadel war übrig geblieben. Und sie saß im linken Zeigefinger, dass er blutete.

Er wickelte das Taschentuch um den Finger und weinte. Natürlich nicht wegen des lächerlichen bisschen Bluts. Vor vierzehn Tagen war er gegen den Laternenpfahl gerannt, dass der bald umgeknickt wäre, und Emil hatte noch jetzt einen Buckel auf der Stirn. Aber geheult hatte er keine Sekunde.

Er weinte wegen des Geldes. Und er weinte wegen seiner Mutter. Wer das nicht versteht, und wäre er noch so tapfer, dem ist nicht zu helfen. Emil wusste, wie seine Mutter monatelang geschuftet hatte, um die hundertvierzig Mark für die Großmutter zu sparen und um ihn nach Berlin schicken zu können. Und kaum saß der Herr Sohn im Zug, so lehnte er sich auch schon in eine Ecke, schlief ein, träumte verrücktes Zeug und ließ sich von einem Schweinehund das Geld stehlen. Und da sollte er nicht weinen? Was sollte er nun anfangen? In Berlin aussteigen und zur Großmutter sagen: „Da bin ich. Aber Geld kriegst du keins, dass du es weißt. Gib mir lieber rasch das Reisegeld, damit ich wieder nach Neustadt fahren kann. Sonst muss ich laufen."

Prachtvoll war das! Die Mutter hatte umsonst gespart. Die Großmutter bekam keinen Pfennig. In Berlin konnte er nicht bleiben. Nach Hause durfte er nicht fahren. Und alles das wegen eines Kerls, der den Kindern Schokolade schenkte und tat, als ob er schliefe. Und zu guter Letzt raubte er sie aus. Pfui Spinne, war das eine feine Welt!

Emil schluckte die Tränen, die noch ins Freie wollten, hinunter und sah sich um. Wenn er die Notleine zog, würde der Zug sofort stehen bleiben. Und dann käme ein Schaffner. Und noch einer. Und immer noch einer. Und alle würden fragen: „Was ist los?"

„Mein Geld ist gestohlen worden", spräche er.

„Ein andres Mal passt du besser auf", würden sie antworten, „steige gefälligst wieder ein! Wie heißt du? Wo wohnst du? Einmal Notleine ziehen kostet hundert Mark. Die Rechnung wird geschickt."

In Schnellzügen konnte man wenigstens durch die Wagen laufen, von einem Ende des Zuges zum andern, bis ins Dienstabteil, und Diebstähle melden. Aber hier! In so einem Bummelzug! Da musste man bis zur nächsten Station warten, und inzwischen war der Mensch im steifen Hut über alle Berge. Nicht einmal die Station, wo der Kerl ausgestiegen war, wusste Emil. Wie spät mochte es sein? Wann kam Berlin? An den Fenstern des Zuges wanderten große Häuser vorbei und Villen mit bunten Gärten und dann wieder hohe schmutzig rote Schornsteine. Wahrscheinlich war das schon Berlin. An der nächsten Station musste er den Schaffner rufen und dem alles erzählen. Und der würde es schleunigst der Polizei melden! Auch das noch. Jetzt kriegte er es auch noch mit der Polizei zu tun.

(...)

Er holte den Koffer aus dem Gepäcknetz, setzte die Mütze auf, steckte die Nadel wieder in den Jackettaufschlag und machte sich fertig. Er hatte zwar keine Ahnung, was er beginnen sollte. Aber hier, in diesem Coupé, hielt er es keine fünf Minuten länger aus. Das stand fest.

Inzwischen verlangsamte der Zug seine Geschwindigkeit. Emil sah draußen viele Gleise glänzen. Dann fuhr man an Bahnsteigen vorbei. Ein paar Gepäckträger liefen, weil sie was verdienen wollten, neben den Wagen her. Der Zug hielt!

Emil schaute durchs Fenster und erblickte hoch über den Schienen ein Schild. Darauf stand: ZOOLOG. GARTEN. Die Türen flogen auf. Leute kletterten aus den Abteilen. Andere warteten schon und breiteten froh die Arme aus.

Emil beugte sich weit aus dem Fenster und suchte den Zugführer. Da erblickte er, in einiger Entfernung und zwischen vielen Menschen, einen steifen schwarzen Hut. Wenn das der Dieb war? Vielleicht war er, nachdem er Emil bestohlen hatte, gar nicht ausgestiegen, sondern nur in einen anderen Wagen gegangen?

Im nächsten Augenblick stand Emil auf dem Bahnsteig, setzte den Koffer hin, stieg noch einmal ein, weil er die Blumen, die im Gepäcknetz lagen, vergessen hatte, stieg wieder aus, packte den Koffer kräftig an, hob ihn hoch und rannte, sosehr er konnte, dem Ausgang zu.

Wo war der steife Hut? Der Junge stolperte den Leuten vor den Beinen herum, stieß wen mit dem Koffer, rannte weiter. Die Menschenmenge wurde immer dichter und undurchdringlicher.

Da! Dort war der steife Hut! Himmel, da drüben war noch einer! Emil konnte den Koffer kaum noch schleppen. Am liebsten hätte er ihn einfach hingestellt und stehen lassen. Doch dann wäre ihm auch der noch gestohlen worden! Endlich hatte er sich bis dicht an die steifen Hüte herangedrängt.

Der konnte es sein! War er's?

Nein.

Dort war der nächste.

Nein. Der Mann war zu klein.

Emil schlängelte sich wie ein Indianer durch die Menschenmassen.

Dort, dort!

Das war der Kerl. Gott sei Dank! Das war der Grundeis. Eben schob er sich durch die Sperre und schien es eilig zu haben.

„Warte nur, du Kanaille", knurrte Emil, „dich kriegen wir!" Dann gab er seine Fahrkarte ab, nahm den Koffer in die andre Hand, klemmte den Blumenstrauß unter den rechten Arm und lief hinter dem Mann die Treppe hinunter. Jetzt kam's drauf an.

Aufgabe 7

Ihr hört einen weiteren Auszug aus dem Roman „Emil und Detektive". Hier erfahrt ihr, wie der Täter überführt wurde. Nach dem Hören sollt ihr nur folgende Frage beantworten: Wie konnte Emil beweisen, dass es sich um sein Geld gehandelt hat?

Hörtext
„Emil und die Detektive"
zu Aufgabe 7 (S. 42)

Stecknadeln haben auch ihr Gutes

Und – durch die Tür kamen zehn Jungen gerannt, Emil allen voran, und umringten den Mann mit dem steifen Hut.

„Was, zum Donnerkiel, ist denn mit den Bengels los?", schrie der Vorsteher.

„Die Lausejungen behaupten, ich hätte einem von ihnen das Geld gestohlen, das ich eben Ihrem Kassierer zum Wechseln einzahlte", erzählte Herr Grundeis und zitterte vor Ärger.

„So ist es auch!", rief Emil und sprang an den Schalter. „Einen Hundertmarkschein und zwei Zwanzigmarkscheine hat er mir gestohlen. Gestern Nachmittag. Im Zug, der von Neustadt nach Berlin fuhr! Während ich schlief."

„Ja, kannst du das denn auch beweisen?", fragte der Kassierer streng.

„Ich bin seit einer Woche in Berlin und war gestern von früh bis abends in der Stadt", sagte der Dieb und lächelte höflich.

„So ein verdammter Lügner!", schrie Emil und weinte fast vor Wut.

„Kannst du denn nachweisen, dass dieser Herr hier der Mann ist, mit dem du im Zuge saßt?", fragte der Vorsteher.

„Das kann er natürlich nicht", meinte der Dieb nachlässig.

„Denn wenn du allein mit ihm im Zug gesessen haben willst, hast du doch keinen einzigen Zeugen", bemerkte einer der Angestellten. Und Emils Kameraden machten betroffene Gesichter.

„Doch!", rief Emil. „Doch! Ich hab doch einen Zeugen! Er heißt Frau Jakob aus Groß-Grünau. Sie saß erst mit im Coupé. Und stieg später aus. Und sie trug mir auf, Herrn Kurzhals in Neustadt herzlich von ihr zu grüßen!"

„Es scheint, Sie werden ein Alibi erbringen müssen", sagte der Depositenkassenvorsteher zu dem Dieb. „Können Sie das?"

„Selbstverständlich", erklärte der. „Ich wohne drüben im Hotel Kreid ..."

„Aber erst seit gestern Abend", rief Gustav. „Ich hab mich dort als Liftboy eingeschlichen und weiß Bescheid, Mensch!"

Die Bankbeamten lächelten ein wenig und gewannen an den Jungen Interesse.

„Wir werden das Geld am besten vorläufig hier behalten, Herr …", sagte der Vorsteher und riss sich von einem Block einen Zettel ab, um Namen und Adresse zu notieren.

„Grundeis heißt er!", rief Emil.

Der Mann im steifen Hut lachte laut und sagte: „Da sehen Sie, dass es sich um eine Verwechslung handeln muss. Ich heiße Müller."

„Oh, wie gemein er lügt! Mir hat er im Zug erzählt, dass er Grundeis heißt", schrie Emil wütend.

„Haben Sie Ausweispapiere?", fragte der Kassierer.

„Leider nicht bei mir", sagte der Dieb. „Aber wenn Sie einen Augenblick warten wollen, so hole ich sie aus dem Hotel herüber."

„Der Kerl lügt fortwährend! Und es ist mein Geld. Und ich muss es wiederhaben", rief Emil.

„Ja, sogar wenn's wahr wäre, mein Junge", erklärte der Kassierer, „so einfach geht das nicht! Wie kannst du denn beweisen, dass es dein Geld ist? Steht vielleicht dein Name drauf? Oder hast du dir etwa die Nummern gemerkt?"

„Natürlich nicht", sagte Emil. „Denkt man denn, dass man beklaut wird? Aber es ist trotzdem mein Geld, hören Sie? Und meine Mutter hat es mir für die Großmutter, die hier in der Schumannstraße 15 wohnt, mitgegeben."

„War an einem der Scheine eine Ecke abgerissen oder war sonst etwas nicht in Ordnung?"

„Nein, ich weiß nicht."

„Also, meine Herren, ich erkläre Ihnen, auf Ehrenwort: Das Geld gehört wirklich mir. Ich werde doch nicht kleine Kinder ausrauben!", behauptete der Dieb.

„Halt!", schrie Emil plötzlich und sprang in die Luft, so leicht war ihm mit einem Male geworden. „Halt! Ich habe mir im Zug das Geld mit einer Stecknadel ins Jackett gesteckt. Und deshalb müssen Nadelstiche in den drei Scheinen zu sehen sein!"

Der Kassierer hielt das Geld gegen das Licht. Den anderen stockte der Atem.

Der Dieb trat einen Schritt zurück. Der Bankvorsteher trommelte nervös auf dem Tisch herum.

„Der Junge hat Recht", schrie der Kassierer, blass vor Erregung. „In den Scheinen sind tatsächlich Nadelstiche!"

„Und hier ist die Nadel dazu", sagte Emil und legte die Stecknadel stolz auf den Tisch. „Gestochen hab ich mich auch."

Da drehte sich der Dieb blitzschnell um, stieß die Jungen links und rechts zur Seite, dass sie hinfielen, rannte durch den Raum, riss die Tür auf und war weg.

„Ihm nach!", schrie der Bankvorsteher.

Alles lief nach der Tür.

Als man auf die Straße kam, war der Dieb schon von mindestens zwanzig Jungen umklammert. Sie hielten ihn an den Beinen. Sie hingen an seinen Armen. Sie zerrten an seinem Jackett. Er ruderte wie verrückt. Aber die Jungen ließen nicht locker.

Und dann kam auch schon ein Schupo im Dauerlauf daher, den Pony Hütchen mit ihrem kleinen Rade geholt hatte. Und der Bankvorsteher forderte ihn ernst auf, den Mann, der sowohl Grundeis wie auch Müller heiße, festzunehmen. Denn er sei, wahrscheinlich, ein Eisenbahndieb.

Der Kassierer nahm sich Urlaub, holte das Geld und die Stecknadel und ging mit. Na, es war ein toller Aufzug! Der Schutzmann, der Bankbeamte, der Dieb in der Mitte, und hinterher neunzig bis hundert Kinder! So zogen sie zur Wache.

Pony Hütchen fuhr auf ihrem kleinen vernickelten Fahrrade nebenher, nickte dem glücklichen Vetter Emil zu und rief: „Emil, mein Junge! Ich fahre rasch nach Hause und erzähle dort das ganze Theater."

Der Junge nickte zurück und sagte: „Zum Mittagessen bin ich zu Hause! Grüße schön!"

Pony Hütchen rief noch: „Wisst ihr, wie ihr ausseht? Wie ein großer Schulausflug!"

Dann bog sie, heftig klingelnd, um die Ecke.

Aufgabe 8/Diktat

Ich werde euch nun den Zeitungsartikel „Ein kleiner Junge als Detektiv" vorlesen. Hört gut zu und schreibt noch nicht.

Ein kleiner Junge als Detektiv!
Hundert Berliner Kinder auf der Verbrecherjagd!

Berlin. Einer Gruppe Berliner Kinder ist es gelungen, einen lang gesuchten Dieb und Bankräuber zu fangen. Der Mann hatte einem der Jungen, Emil Tischbein aus Neustadt, im Zug nach Berlin eine hohe Summe gestohlen, als dieser auf der Fahrt eingeschlafen war. Der Junge hatte den mutmaßlichen Täter auf dem Bahnsteig wiedererkannt und sofort die Verfolgung aufgenommen. Unterstützt wurde er dabei von hundert Berliner Kindern, die den Mann gemeinsam verfolgten. Schließlich wurde der Verbrecher in einer Bank gestellt, als er das geraubte Geld wechseln wollte. Den Kindern gelang es, den flüchtenden Mann festzuhalten, sodass die Polizei ihn wenig später festnehmen konnte.
Emil Tischbein erhielt eine Belohnung in Höhe von tausend Mark.

Und jetzt noch einmal langsamer zum Mitschreiben.
Ihr müsst die fehlenden Wörter in die Lücken eintragen.

Diktat
zu Aufgabe 8 (S. 43)

Emil und die Detektive		Blatt 1
Name:	Klasse:	Datum:

Wir informieren uns über Autor und Buch

In den folgenden Aufgaben geht es um die Geschichte „Emil und die Detektive" von Erich Kästner.

Einige von euch haben das Buch vielleicht schon gelesen, andere nicht: das spielt keine Rolle. Es kommt vor allem darauf an, dass ihr gut zuhört, genau lest und die Fragen sorgfältig beantwortet.

Emil und die Detektive — Blatt 2

Name: _____ Klasse: _____ Datum: _____

Erich Kästner

Erich Kästner ist einer der berühmtesten deutschen Autoren. Er wurde am 23. 2. 1899 in Dresden geboren. Nach dem Studium arbeitete er als Journalist bei zahlreichen Zeitschriften und Tageszeitungen. Ab 1927 war er freier Schriftsteller. Das Buch „Emil und die Detektive" aus dem Jahre 1928 stellt Erich Kästners erstes Kinderbuch dar. Dieses Buch wurde sogar in 30 Sprachen übersetzt und Millionen Mal verkauft. „Emil und die Detektive" wurde mehrfach, zum ersten Mal 1932, verfilmt. Andere bekannte Kinderbücher von Erich Kästner sind z. B. „Pünktchen und Anton", „Das doppelte Lottchen" oder „Das fliegende Klassenzimmer". Erich Kästner schrieb aber auch noch viele Romane und Gedichte für Erwachsene. Erich Kästner starb am 29. 7. 1974 in München.

Lies den Lebenslauf von Erich Kästner.
Ergänze die fehlenden Angaben.

Angaben zu Autor und Buch

Familienname, Vorname

_____ , _____

Lebensdaten

geboren: _____ gestorben: _____

Geburtsort: _____

Erscheinungsjahr von „Emil und die Detektive"

_____

Andere bekannte Bücher von Erich Kästner

– _____

– _____

– _____

Emil und die Detektive

Blatt 3

Name: _____ Klasse: _____ Datum: _____

Aufgabe 1

Hier lernen wir zwei Personen aus dem Buch *„Emil und die Detektive"* kennen.

Lies die zwei Beispiele:

ERSTENS: Emil persönlich

Da ist, erstens einmal, Emil selber. In seinem dunkelblauen Sonntagsanzug. Er zieht ihn gar nicht gern an und nur, wenn er muss. Blaue Anzüge kriegen so grässlich leicht Flecken. Und dann macht Emils Mutter die Kleiderbürste nass, klemmt den Jungen zwischen ihre Knie, putzt und bürstet und sagt stets: Junge, Junge! Du weißt doch, dass ich dir keinen andern kaufen kann. Und dann denkt er immer erst, wenn's zu spät ist, daran, dass sie den ganzen Tag arbeitet, damit sie zu essen haben und damit er in die Realschule gehen kann.

ZWEITENS: Frau Friseuse Tischbein, Emils Mutter

Als Emil fünf Jahre alt war, starb sein Vater, der Herr Klempnermeister Tischbein. Und seitdem frisiert Emils Mutter. Und onduliert. Und wäscht Ladenfräuleins und Frauen aus der Nachbarschaft die Köpfe. Außerdem muss sie kochen, die Wohnung in Ordnung halten, und auch die große Wäsche besorgt sie ganz allein. Sie hat den Emil sehr lieb und ist froh, dass sie arbeiten kann und Geld verdienen. Manchmal singt sie lustige Lieder. Manchmal ist sie krank, und Emil brät für sie und sich Spiegeleier. Das kann er nämlich. Beefsteak braten kann er auch. Mit aufgeweichter Semmel und Zwiebeln.

Emil und die Detektive	Blatt 4
Name:	Klasse: _____ Datum: _____

Welche Aussage ist richtig?

Unterstreiche die richtige Lösung und ergänze die Sätze, indem du dich auf den Text (Blatt 3) beziehst.

Beispiel: Blaue Anzüge sind $\frac{\textit{empfindlich.}}{\text{pflegeleicht.}}$

Das sieht man daran, *dass sie leicht grässliche Flecken bekommen.*

1. Emil ist $\frac{\text{ein eitler}}{\text{kein eitler}}$ Junge.

   Das sieht man daran, dass _____

2. Frau Tischbein legt $\frac{\text{sehr viel Wert}}{\text{wenig Wert}}$ auf ein gepflegtes Äußeres ihres Jungen.

   Das sieht man daran, dass _____

3. Neben ihrem Beruf als Friseuse $\frac{\text{hat Frau Tischbein noch viel Freizeit.}}{\text{muss Frau Tischbein noch viel arbeiten.}}$

   Das sieht man daran, dass _____

4. Frau Tischbein arbeitet viel und $\frac{\text{ist trotzdem gut gelaunt.}}{\text{ist meistens niedergeschlagen.}}$

   Das sieht man daran, dass _____

5. Emil ist $\frac{\text{ein selbstständiger Junge.}}{\text{ein unselbstständiger Junge.}}$

   Das sieht man daran, dass _____

Emil und die Detektive		**Blatt 5**
Name:	Klasse:	Datum:

Aufgabe 2

Wir hören jetzt ein Kapitel aus dem Buch …

Emil ist allein unterwegs zur Großmutter nach Berlin-Friedrichstraße. Dabei geschieht etwas Unvorstellbares.

Bevor du jetzt die Geschichte hörst, sollst du folgende Fragen mitlesen. Diese Fragen musst du später beantworten. Schreibe ganze Sätze.

1. Wo spielt diese Szene?

2. Warum konnte der Diebstahl geschehen?

3. Wen verdächtigt Emil, das Geld gestohlen zu haben?

4. Weshalb ist der Diebstahl für Emil so schlimm?

Emil und die Detektive		**Blatt 6**
Name:	Klasse:	Datum:

5. Wie hatte Emil das Geld gesichert?

   _____

   _____

   _____

6. Woran erkennt Emil den Mann, den er verdächtigt?

   _____

   _____

   _____

7. Warum steigt Emil früher aus als geplant?

   _____

   _____

   _____

8. Weshalb ist es für Emil schwierig, den Dieb nicht aus den Augen zu verlieren?

   _____

   _____

   _____

Emil und die Detektive

Blatt 7

Name: _____ Klasse: _____ Datum: _____

Aufgabe 3

Wie die Geschichte weitergeht …

Emil befindet sich in der Straßenbahn

Lies den Textausschnitt und du erfährst, wie es mit Emil weitergeht.
Beantworte anschließend die Fragen in ganzen Sätzen.

Das war also Berlin.
Emil hätte sich gern alles in größter Ruhe betrachtet. Aber er hatte keine Zeit dazu. Im vorderen Wagen saß ein Mann, der hatte Emils Geld, konnte jeden Augenblick aussteigen und im Gedränge verschwinden. Dann war es aus. Denn dort hinten, zwischen den Autos und Menschen und Autobussen, da fand man niemanden
5 wieder. Emil steckte den Kopf hinaus. Wenn nun der Kerl schon weg war? Dann fuhr er hier oben allein weiter, wusste nicht wohin, wusste nicht warum, und die Großmutter wartete unterdessen am Bahnhof Friedrichstraße, am Blumenstand, und hatte keine Ahnung, dass ihr Enkel inzwischen auf der Linie 177 quer durch Berlin gondelte und großen Kummer hatte. Es war zum Platzen!
Der Schaffner kam der Tür immer näher. Jetzt stand er schon im Türrahmen und fragte laut: „Wer hat noch
10 keinen Fahrschein?"
Er riss große weiße Zettel ab und machte mit einer Zange eine Reihe Löcher hinein. Die Leute auf dem Perron gaben ihm Geld und bekamen dafür Fahrscheine.
„Na, und du?", fragte er den Jungen. „Ich habe mein Geld verloren, Herr Schaffner", antwortete Emil. Denn den Diebstahl hätte ihm keiner geglaubt.
15 „Geld verloren? Das kenn ich. Und wo willst du hin?"
„Das das weiß ich noch nicht", stotterte Emil.
„So. Na, da steige mal an der nächsten Station wieder ab und überlege dir erst, wo du hinwillst."
„Nein, das geht nicht. Ich muss hier oben bleiben, Herr Schaffner. Bitteschön."
„Wenn ich dir sage, du sollst absteigen, steigst du ab. Verstanden?"
20 „Geben Sie dem Jungen einen Fahrschein!", sagte da der Herr, der Zeitung gelesen hatte. Er gab dem Schaffner Geld. Und der Schaffner gab Emil einen Fahrschein und erzählte dem Herrn: „Was glauben Sie, wie viele Jungen da täglich raufkommen und einem weismachen, sie hätten das Geld vergessen. Hinterher lachen sie uns aus."
„Der hier lacht uns nicht aus", antwortete der Herr.
25 Der Schaffner stieg wieder ins Wageninnere.
„Haben Sie vielen, vielen Dank, mein Herr!", sagte Emil.
„Bitteschön, nichts zu danken", meinte der Herr und schaute wieder in seine Zeitung.
Und die Straßenbahn fuhr. Und sie hielt. Und sie fuhr weiter. Emil las den Namen der schönen breiten Straße. Kaiserallee hieß sie. Er fuhr und wusste nicht, wohin. Im andern Wagen saß ein Dieb. Und vielleicht saßen und
30 standen noch andere Diebe in der Bahn. Niemand kümmerte sich um ihn. Ein fremder Herr hatte ihm zwar einen Fahrschein geschenkt. Doch nun las er schon wieder Zeitung.
Die Stadt war so groß. Und Emil war so klein. Und kein Mensch wollte wissen, warum er kein Geld hatte und warum er nicht wusste, wo er aussteigen sollte. Vier Millionen Menschen lebten in Berlin, und keiner interessierte sich für Emil Tischbein. Niemand will von den Sorgen des andern etwas wissen. Jeder hat mit seinen
35 eigenen Sorgen und Freuden genug zu tun. Und wenn man sagt:
„Das tut mir aber wirklich leid", so meint man meistens gar nichts weiter als: „Mensch, lass mich bloß in Ruhe!"
Was würde werden? Emil schluckte schwer.

Emil und die Detektive — Blatt 8

Name: _____   Klasse: _____   Datum: _____

1. Emil hat keine Zeit, sich Berlin in Ruhe anzusehen. Warum?

   _____
   _____
   _____

2. „Es war zum Platzen" (Zeile 8). Weshalb ist Emil so verzweifelt?

   _____
   _____
   _____
   _____

3. Weshalb sagt Emil dem Schaffner nicht die Wahrheit?

   _____
   _____
   _____
   _____

4. Warum fordert der Schaffner Emil auf, an der nächsten Station auszusteigen?

   _____

5. Der Herr mit der Zeitung hilft Emil. Warum wohl? Vielleicht _____

   _____
   _____

6. Wie fühlt Emil sich in Berlin? Warum fühlt er sich so?

   _____
   _____
   _____
   _____

Kühn/Reding: Lesekompetenz-Tests für die Klassen 5 und 6
© Auer Verlag GmbH, Donauwörth

Emil und die Detektive — Blatt 9

Name: _____ Klasse: _____ Datum: _____

Aufgabe 4

Emil bekommt unerwartete Hilfe …

Plötzlich hupte es dicht hinter Emil! Er sprang erschrocken zur Seite, fuhr herum und sah einen Jungen stehen, der ihn auslachte. „Na Mensch, **fall nur nicht gleich vom Stühlchen (1)**", sagte der Junge.
„Wer hat denn eben hinter mir gehupt?", fragte Emil.
„Na Mensch, ich natürlich. Du bist wohl nicht aus Wilmersdorf, wie? Sonst wüsstest du längst, dass ich 'ne Hupe in der Hosentasche habe. Ich bin hier nämlich bekannt wie 'ne Missgeburt."
„Ich bin aus Neustadt. Und komme grade vom Bahnhof."
„So, aus Neustadt? Deswegen hast du so 'nen doofen Anzug an."
„Nimm das zurück! Sonst **kleb ich dir eine (2)**, dass du scheintot hinfällst."
„Na Mensch", sagte der andere gutmütig, „bist du böse? Das Wetter ist mir zum Boxen zu vornehm. Aber von mir aus, bitte!"
„Verschieben wir's auf später", erklärte Emil, „ich hab jetzt keine Zeit für so was." Und er blickte nach dem Café hinüber, ob Grundeis noch dort säße.
„Ich dachte sogar, du hättest viel Zeit! Stellt sich mit Koffer und Blumenkohl hinter die Zeitungsbude und spielt mit sich selber Verstecken! Da muss man doch glatt **zehn bis zwanzig Meter Zeit übrig haben (3)**."
„Nein", sagte Emil, „ich beobachte einen Dieb."
„Was? Ich verstehe fortwährend: Dieb", meinte der andre Junge, „wen hat er denn beklaut?"
„Mich!", sagte Emil und war direkt stolz darauf.
„Na Mensch, das ist ja großartig!", rief der Junge. „Das ist ja wie im Kino! Was willst du nun anstellen?"
„Keine Ahnung. Immer hinterher. Weiter weiß ich vorderhand nichts."
„Sag's doch dem Schupo (Polizist) dort. Der **nimmt ihn hopp (4)**."
„Ich mag nicht. Ich habe bei uns in Neustadt was **ausgefressen (5)**. Da sind sie nun vielleicht scharf auf mich. Und wenn ich …"
„Verstehe, Mensch!"

---

*Lies den Text. Was bedeuten die **fett** gedruckten Ausdrücke?*
Kreuze die richtige Bedeutung an.

(1) „Na Mensch,
- a) ☐ hau doch ab!"
- b) ☐ fall nicht aus der Rolle!"
- c) ☐ geh mir aus dem Weg!"
- d) ☐ schau nicht so überrascht!"

(2) „Sonst
- a) ☐ gebe ich dir eine Ohrfeige, …"
- b) ☐ trete ich dir gegen das Schienbein, …"
- c) ☐ halte ich dir den Mund zu, …"
- d) ☐ streite ich mit dir, …"

(3) „Da muss man doch glatt
- a) ☐ in Eile sein."
- b) ☐ sehr viel Zeit haben."
- c) ☐ noch zehn bis zwanzig Sekunden Zeit haben."
- d) ☐ keine Zeit haben."

(4) „Der
- a) ☐ hilft ihm."
- b) ☐ verprügelt ihn."
- c) ☐ verhaftet ihn."
- d) ☐ verjagt ihn."

(5) „Ich habe bei uns in Neustadt
- a) ☐ etwas Verbotenes getan."
- b) ☐ etwas aufgegessen."
- c) ☐ etwas vergessen."
- d) ☐ etwas vor."

Emil und die Detektive — Blatt 10

Name: _____ Klasse: _____ Datum: _____

„Und am Bahnhof Friedrichstraße wartet meine Großmutter."
Der Junge mit der Hupe dachte ein Weilchen nach. Dann sagte er: „Also, ich finde die Sache mit dem Dieb knorke. Ganz große Klasse, Ehrenwort! Und, Mensch, wenn du nichts dagegen hast, helfe ich dir."
„Da wär ich dir kolossal dankbar!"
„**Quatsch nicht (6)**, Krause! Das ist doch klar, dass ich hier mitmache. Ich heiße Gustav."
„Und ich Emil."
Sie gaben sich die Hand und gefielen einander ausgezeichnet.
„Nun aber los", sagte Gustav, „wenn wir hier nichts weiter machen als rumstehen, **geht uns der Schuft durch die Lappen (7)**. Hast du noch etwas Geld?"
„Keinen Sechser."
Gustav hupte leise, um sein Denken anzuregen. Es half nichts.
„Wie wäre denn das", fragte Emil, „wenn du noch ein paar Freunde herholtest?"
„Mensch, die Idee ist hervorragend!", rief Gustav begeistert. „Das mach ich! Ich brauch bloß mal durch die Höfe zu sausen und zu hupen, **gleich ist der Laden voll (8)**."
„Tu das mal!", riet Emil. „Aber komme bald wieder. Sonst läuft der Kerl da drüben weg. Und da muss ich selbstverständlich hinterher. Und wenn du wiederkommst, bin ich **über alle Berge (9)**."
„Klar, Mensch! Ich mache schnell! Verlass dich drauf. Übrigens isst der **Mausehaken (10)** im Café Josty drüben Eier im Glas und solche Sachen. Der bleibt noch 'ne Weile. Also, Wiedersehen, Emil! Mensch, ich freu mich noch halb dämlich. Das wird eine tolle Kiste!"
Und damit fegte er fort. Emil fühlte sich wunderbar erleichtert. Denn Pech bleibt nun zwar auf alle Fälle Pech. Aber ein paar Kameraden zu haben, die freiwillig **mit von der Partie sind (11)**, das ist kein kleiner Trost.
Er behielt den Dieb scharf im Auge (12), der sich's – wahrscheinlich noch dazu von Mutters Erspartem – gut schmecken ließ, und hatte nur eine Angst: dass der Lump dort aufstehen und fortlaufen könne. Dann waren Gustav und die Hupe und alles umsonst.

(6) a) ☐ „Stell nichts an!"
b) ☐ „Mach keine Dummheiten!"
c) ☐ „Drück dich deutlicher aus!"
d) ☐ „Red keinen Unsinn!"

(7) „… wenn wir hier nichts weiter machen als rumstehen,
a) ☐ verscheucht er uns."
b) ☐ überrascht er uns."
c) ☐ entwischt er uns."
d) ☐ vergisst er uns."

(8) „Ich brauch bloß mal durch die Höfe zu sausen und zu hupen,
a) ☐ gleich sind viele da."
b) ☐ gleich ist das Geschäft überfüllt."
c) ☐ gleich gehen die Rollläden runter."
d) ☐ gleich werden die Läden geschlossen."

(9) „Und wenn du wiederkommst,
a) ☐ habe ich mich versteckt."
b) ☐ bin ich weit weg."
c) ☐ bin ich oben auf dem Berg."
d) ☐ habe ich mich umgezogen."

(10) „Übrigens isst der
a) ☐ Detektiv …"
b) ☐ Polizist …"
c) ☐ Schuft …"
d) ☐ Schaffner …"

(11) „Aber ein paar Kameraden zu haben, die freiwillig
a) ☐ mit Karten spielen, …"
b) ☐ mitmachen, …"
c) ☐ mit Fußball spielen, …"
d) ☐ mitfeiern, …"

(12) „Er
a) ☐ zwinkerte dem Dieb zu, …"
b) ☐ hielt den Dieb fest, …"
c) ☐ fotografierte den Dieb, …"
d) ☐ beobachtete den Dieb genau, …"

Emil und die Detektive		**Blatt 11**
Name:	Klasse:	Datum:

Aufgabe 5

Hier kannst du zeigen, dass du die Geschichte verstanden hast

Lies die Sätze und verbinde sie mit einem passenden Wort aus den Kästen.

Beispiel: Viele Kinder haben Emil geholfen. Der Dieb konnte gefasst werden.
Viele Kinder haben Emil geholfen, *__darum konnte der Dieb gefasst werden__*.

1. Emils Mutter hatte sehr lange gespart. Er war so traurig über den Diebstahl.
   Emils Mutter hatte sehr lange gespart, _____

2. Emil wollte mit der Straßenbahn fahren. Er hatte kein Geld.
   Emil wollte mit der Straßenbahn fahren, _____

3. Emil musste vorsichtig sein. Der Mann mit dem steifen Hut war gefährlich.
   Emil musste vorsichtig sein, _____

4. Gustav stellte sich hinter Emil. Gustav hupte laut.
   Gustav stellte sich hinter Emil, _____

5. Zunächst stellte Gustav Emil seinen Freunden vor. Sie verteilten die Aufgaben.
   Zunächst stellte Gustav Emil seinen Freunden vor, _____

| doch | ~~darum~~ | dann | dabei | denn | deshalb |

Emil und die Detektive		**Blatt 12**
Name:	Klasse:	Datum:

6. Die Großmutter wartete auf dem Bahnsteig. Der Zug kam in Berlin-Friedrichstraße an.

   Die Großmutter wartete auf dem Bahnsteig, _____

   _____

7. Emil war glücklich. Er hatte in Berlin Freunde gefunden.

   Emil war glücklich, _____

   _____

8. Emil fühlte sich erleichtert. Er hatte den ganzen Tag Pech gehabt.

   Emil fühlte sich erleichtert, _____

   _____

9. Er folgte dem Dieb. Er zögerte nicht lange.

   Er folgte dem Dieb, _____

   _____

10. Gustav hupte laut. Seine Freunde sollten ihn hören.

    Gustav hupte laut, _____

    _____

| obwohl | damit | als | ohne ... zu | weil |

Emil und die Detektive		**Blatt 13**
Name:	Klasse:	Datum:

Aufgabe 6

Hier wird zu viel wiederholt

Überarbeite die folgenden Sätze. Ersetze die schräg gedruckten Wörter durch Stellvertreter (Pronomen). Achte dabei auf die Groß- und Kleinschreibung.

Beispiel: Emil nahm die Verfolgung auf. *Emil* war ganz allein.
Emil nahm die Verfolgung auf. *Er* war ganz allein.

1. Emil hörte Gustav, bevor er *Gustav* sah.

   Emil hörte Gustav, bevor er _____(1)_____ sah.

2. Emil erzählte *Gustav*, was im Zug passiert war.

   Emil erzählte _____(2)_____, was im Zug passiert war.

3. Gustav rief seine Freunde und *die Freunde* kamen sofort. Gemeinsam mit *den Freunden* ging es auf Verbrecherjagd.

   Gustav rief seine Freunde und _____(3)_____ kamen sofort. Gemeinsam mit _____(4)_____ ging es auf Verbrecherjagd.

4. Die Jungen verfolgten den Dieb. *Die Jungen* erkannten *den Dieb* an seinem steifen Hut.

   Die Jungen verfolgten den Dieb. _____(5)_____ erkannten _____(6)_____ an seinem steifen Hut.

5. Die Detektive folgten Grundeis rund um die Uhr. *Die Detektive* gaben *Grundeis* keine Chance zu entwischen.

   Die Detektive folgten Grundeis rund um die Uhr. _____(7)_____ gaben _____(8)_____ keine Chance zu entwischen.

6. Emils Großmutter brauchte sich keine Sorgen mehr zu machen, denn *Emil* hatte *der Großmutter* eine Karte geschrieben.

   Emils Großmutter brauchte sich keine Sorgen mehr zu machen, denn _____(9)_____ hatte _____(10)_____ eine Karte geschrieben.

Emil und die Detektive — Blatt 14

Name: _____ Klasse: _____ Datum: _____

7. Die Großmutter interessierte sich brennend für Emils neue Freunde. *Die Großmutter* wollte *Emils neue Freunde* so schnell wie möglich kennenlernen.

   Die Großmutter interessierte sich brennend für Emils neue Freunde.

   _____11_____ wollte _____12_____ so schnell wie möglich kennenlernen.

8. Pony Hütchen schloss sich den Detektiven an. *Pony Hütchen* half den *Detektiven* bei ihrer Arbeit.

   Pony Hütchen schloss sich den Detektiven an. _____13_____ half _____14_____ bei ihrer Arbeit.

9. Gustav bekam öfter Streit mit Pony Hütchen. *Pony Hütchen* ließ sich nicht alles von *Gustav* gefallen.

   Gustav bekam öfter Streit mit Pony Hütchen. _____15_____ ließ sich nicht alles von _____16_____ gefallen.

10. Die Polizei nahm den Verbrecher fest. *Die Polizei* teilte Emil mit, dass *Emil* eine Belohnung bekäme.

    Die Polizei nahm den Verbrecher fest. _____17_____ teilte Emil mit, dass _____18_____ eine Belohnung bekäme.

11. Als Emils Mutter in der Zeitung von seinem Erfolg las, wurde *Emils Mutter* ganz stolz auf *Emil*.

    Als Emils Mutter in der Zeitung von seinem Erfolg las, wurde _____19_____ ganz stolz auf _____20_____.

12. Emils Mutter freute sich über die gute Nachricht aus Berlin. Die gute Nachricht aus Berlin rief nicht nur bei *Emils Mutter* Bewunderung hervor.

    Emils Mutter freute sich über die gute Nachricht aus Berlin. Die gute Nachricht aus Berlin rief aber nicht nur bei _____21_____ Bewunderung hervor.

Emil und die Detektive		Blatt 15
Name:	Klasse:	Datum:

Aufgabe 7

Und so endet die Geschichte …

Ihr hört einen weiteren Auszug aus dem Roman „Emil und Detektive". Hier erfahrt ihr, wie der Täter überführt wurde. Nach dem Hören sollt ihr nur folgende Frage beantworten:

Wie konnte Emil beweisen, dass es sich um sein Geld gehandelt hat?

_____

_____

_____

_____

_____

_____

Emil und die Detektive Blatt 16

Name: _____ Klasse: _____ Datum: _____

Aufgabe 8

In der Zeitung stand:

Ein kleiner Junge als Detektiv!

Hundert Berliner Kinder auf der _____ 1 _____!

Berlin. Einer Gruppe Berliner Kinder ist es gelungen, einen lang gesuchten _____ 2 _____ und _____ 3 _____ zu _____ 4 _____. Der Mann hatte einem der Jungen, Emil Tischbein aus Neustadt, im Zug nach Berlin eine hohe _____ 5 _____ _____ 6 _____, als dieser auf der Fahrt eingeschlafen war. Der Junge hatte den mutmaßlichen _____ 7 _____ auf dem Bahnsteig wiedererkannt und sofort die _____ 8 _____ aufgenommen. Unterstützt wurde er dabei von hundert Berliner Kindern, die den Mann gemeinsam _____ 9 _____. Schließlich wurde der _____ 10 _____ in einer Bank gestellt, als er das _____ 11 _____ _____ 12 _____ wechseln wollte. Den Kindern gelang es, den _____ 13 _____ Mann festzuhalten, sodass die _____ 14 _____ ihn wenig später _____ 15 _____ konnte. Emil Tischbein erhielt eine _____ 16 _____ in Höhe von _____ 17 _____ Mark.

Emil und die Detektive — Blatt 17

Name: _____ Klasse: _____ Datum: _____

Aufgabe 9

„Emil und die Detektive" wurde verfilmt

Beschrifte die Fotos aus der Neuverfilmung des Buches von Erich Kästner mithilfe der vorgegebenen Wörter. Achte darauf, dass alle Wörter aus dem Kästchen vorkommen und sowohl zum Bild als auch zur Geschichte passen.
Schreibe ganze Sätze. Jeder Satz soll komplett richtig sein.

Beispiel:

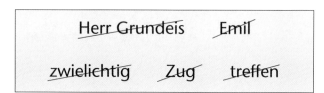

~~Herr Grundeis~~   ~~Emil~~
~~zwielichtig~~   ~~Zug~~   ~~treffen~~

Emil trifft den zwielichtigen Herrn Grundeis im Zug.

Emil und die Detektive

Blatt 18

Name: _____   Klasse: _____   Datum: _____

1.

Pony Hütchen   traurig

trösten   Emil

_____
_____

2.

Emil und Pony

die Verfolgung   aufnehmen

_____
_____

3.

Emil und die Detektive   Keller

Verbrecher   fangen

wie   beraten

_____
_____

Emil und die Detektive

Blatt 19

Name: _____ Klasse: _____ Datum: _____

4.

| genau   wohin   beobachten |
| die Detektive   gehen |
| Herr Grundeis |

_____

_____

5.

| die Kinder   verfolgen |
| Dieb   ganze Stadt |

_____

_____

6.

| Emil   Hotel |
| Pony Hütchen   sich schleichen |

_____

_____

Emil und die Detektive

Blatt 20

Name: _____ Klasse: _____ Datum: _____

7.

| Kinder | mutig | sechs |
| rasen | Berlin | quer | Taxi |

_____

_____

8.

| festhalten | die Detektive |
| Emil | Verbrecher |

_____

_____

3.2 Indianer

(1) Thema und Textauswahl

In der vorliegenden Prüfung werden verschiedene Texte zum Thema „Indianer" behandelt: Geschichte und Kultur der Indianer werden unter verschiedenen Perspektiven und anhand unterschiedlicher Texte beschrieben. Beim ersten Lesetext „Indianer" handelt es sich um einen Auszug aus dem bekannten Buch von H. J. Stammel: „Die Indianer. Die Geschichte eines untergegangenen Volkes". Der Autor liefert nicht nur Informationen über die Geschichte und Kultur der Indianer, sondern es geht ihm auch um die Korrektur gängiger Klischeevorstellungen über Indianer. Durch eine differenzierte Beschreibung der verschiedenen Lebensformen der Indianerstämme widerlegt er stereotype Vorstellungen vom Bild des Indianers und arbeitet heraus, dass dieses Bild vor allem auf eine einseitige Geschichtsschreibung der Weißen zurückzuführen ist.

Der zweite Text stammt aus der berühmten Rede des Häuptlings Seattle an den amerikanischen Präsidenten. In diesem Redeauszug versucht der Indianerhäuptling, die Lebenseinstellung und Wertvorstellung seines Volkes im Vergleich zu den Weißen zu verdeutlichen. Im Gegensatz zum ersten Text handelt es sich bei dieser Rede um einen Text, der sehr stark durch die persönliche Sichtweise des Autors geprägt ist.

Als weitere Textgrundlagen dienen eine anekdotische Geschichte von W. C. Vanderwerth „Indian Oratory" sowie ein Auszug aus dem Jugendbuch des indianischen Autors Wäscha-kwonnesin (Grey Owl) „Sajo und ihre Biber". In beiden Texten geht es darum, die Kultur und Lebenswelt der Indianer an Beispielen zu veranschaulichen.

(2) Abfolge der Aufgaben

Teil 1

In Teil 1 geht es um das Lesen und Verstehen von Texten. Der erste Lesetext ist ein Sachtext. Die Fragen zu diesem Sachtext reflektieren die authentische Lesesituation solcher Texte: Zunächst muss der Text eingeordnet werden (Frage 1). Durch die Zuordnung von Überschriften zu den entsprechenden Abschnitten wird der Text thematisch in Hauptabschnitte gegliedert (Frage 2). Nach diesen Übungen zum globalen Lesen geht es darum, bestimmte Informationen aus dem Text herauszuarbeiten (selektives Lesen: z. B. Sätze ergänzen, Textstellen auffinden, Informationen unterstreichen, Stichwortzettel ergänzen, W-Fragen beantworten) (Fragen 3–12). Zum Detailverstehen (Fragen 13–20) müssen die Schüler bestimmte Textstellen noch einmal genau nachlesen (Detailverständnis). Dabei geht es zum einen um die Klärung von Wortbedeutungen, zum anderen um das Verstehen von Textbezügen (Verweiswörter/Pronomen: z. B. *sie, ihr, dies*).

Da es sich um einen älteren Text (1855) handelt, der zudem in einer stark stilisierten, bilderreichen Sprache verfasst ist, ist er nicht leicht zu verstehen. Deshalb werden in den Aufgaben keine Details erfragt, es sollen folglich keine Einzelheiten herausgelesen werden. Es geht vielmehr darum, die Position des Autors zu erkennen (Fragen 21, 22) und implizite Aussagen (Fragen 23–26) herauszufinden. Deshalb enthält der Aufgabentext weder Angaben zum Autor noch eine Überschrift; diese Angaben müssen von den Schülern herausgearbeitet werden (Fragen 25, 26). Die Fragen sind so gestellt, dass sie den Schülerinnen und Schülern helfen, diesen schwierigen Text zu verstehen. In den abschließenden Fragen 27 und 28 sollen die Schüler die beiden Texte („Indianer" und die Rede des Häuptlings Seattle) miteinander vergleichen und ihre Funktion (Sachtext kontra appellativer Text) bestimmen.

Teil 2

In Teil 2 geht es ebenfalls um das Verstehen (Aufgaben 2, 4 und 5), aber auch um die Überarbeitung und Verbesserung von Texten (Aufgabe 3). Bei der Überprüfung des Textverstehens wie auch bei der Textüberarbeitung werden bei den Schülerinnen und

Schülern Kompetenzen im Bereich der Grammatik (z. B. Redeeinleitung, Präteritum, Verknüpfungswörter, Adjektive) und im Bereich des Wortschatzes (treffende Verben, passende Adjektive) verlangt.

Aufgabe 3 bezieht sich auf die Textüberarbeitung. Im Text „Die Große Feder" (Auszug aus Wäscha-kwonnesin: „Sajo und ihre Biber") sollen verschiedene Textstellen sprachlich verbessert werden. Der Ausgangstext enthält keine Adjektive und ist deshalb wenig anschaulich und wirkt nicht sehr abwechslungsreich. In der Überarbeitung sollen die Schülerinnen und Schüler passende Adjektive ergänzen und in ihrer grammatisch korrekten Form gebrauchen. Es handelt sich demnach nicht um eine reine Grammatikübung, sondern um eine Schreibaufgabe mit dem Ziel, einen Text durch die Überarbeitung zu verbessern.

Zum Textverständnis gehört auch das Erkennen und Verstehen von Textverknüpfungen. In Aufgabe 4 wird den Schülern ein Sachtext von Käthe Recheis über den Stamm der Navahos vorgelegt, in dem Textverknüpfungen ausgespart sind. Aus einer Reihe vorgegebener Verknüpfungswörter (z. B. Konjunktionen [*wenn, weil, als*], Adverbien [*früher, heute*] oder Relativpronomen [*die*]) müssen die Schüler das jeweils Treffende auswählen und in die richtige Textstelle einsetzen.

Im Text der Aufgabe 5 wird aus historischer Perspektive erzählt, wie das Pferd nach Amerika kam. Charakteristisch für eine solche Darstellung ist die Verwendung des Präteritums. Durch die Reihung der Verben im Präteritum wird der kontinuierliche Ablauf des Hergangs deutlich. Die Schülerinnen und Schüler müssen die korrekten Präteritumformen in den Text einsetzen.

Teil 3

Teil 3 enthält die Fragen zum Hörverstehen, die nicht standardisiert ausgewertet werden. Das Hörverstehen ist dabei sequenziell aufgebaut und gliedert sich in drei Schritte: (a) Aufgaben vor dem Hören des eigentlichen Hörtextes (Vorlaufphase und Vorentlastung), (b) Präsentation des Hörtextes und schriftliche Bearbeitung von Aufgaben. (c) Transfer und Weiterverarbeitung des Gehörten in einer kreativen Schreibarbeit.

In einer Vorlaufphase sollen die Schülerinnen und Schüler zunächst einmal die Quelle des Hörtextes kennenlernen, um ihr Vorwissen zu aktivieren und eine Erwartungshaltung aufzubauen. Dazu sollen sie Titel, Umschlagbild und Klappentext des Buches „Sajo und ihre Biber" lesen und Vermutungen über den Autor und Inhalt des Buches anstellen. Anschließend werden die Handlungsträger der Geschichte über Bilder vorgestellt. Gleichzeitig hören die Schüler einen Textauszug (Hörtext S. 50), der sie mit den Personen und Tieren vertraut macht und die Ausgangssituation klärt: Die Kinder (Sajo und Schapian) bekommen zwei Biber (Tschilawii und Tschikanii) von ihrem Vater (Gitschi Megwon, die Große Feder) geschenkt. Eine solche Vorentlastung ist notwendig, da die doch ungewöhnlichen indianischen Namen zu Verstehensproblemen führen könnten.

Anschließend liest der Lehrer den Hörtext (S. 51–53) vor. Es handelt sich dabei um eine dramatische Episode aus dem genannten Buch. Ein weißer Händler kommt in die Indianerfamilie und kauft dem Vater, der in Geldnot ist, einen Biber ab. Im Hörtext wird zum einen diese Aktion geschildert, zum anderen werden die Reaktionen und Gefühle der beteiligten Personen beschrieben. Der Hörtext ist relativ lang, braucht aber von den Schülerinnen und Schülern nur global verstanden zu werden: Details werden in den Schreibaufgaben nicht gefragt. Vielmehr geht es bei den Aufgaben darum, die Handlungsstruktur grob zu bestimmen (Fragen 1, 2, 3, 4) sowie die „inneren Reaktionen" der Beteiligten nachzuvollziehen (Fragen 5, 6, 7).

Der Hörtext bricht an einem Wendepunkt ab: Die Kinder Sajo und Schapian entschließen sich, den Biber Tschikanii zu befreien. In einer abschließenden kreativen Schreibaufgabe sollen die Schülerinnen und Schüler sich diese Befreiung „ausmalen" und damit die Geschichte selbst zu Ende bringen.

(3) Kompetenzen und Kompetenzbereiche

In der standardisierten Prüfung geht es um das Verstehen und Überarbeiten von Texten. Dabei stehen folgende Lernziele und Kompetenzen im Vordergrund:

- Globalverstehen des Textes – durchgeführt am Leseverstehen (Sachtext und appellativer Text) und Hörverstehen (literarischer Text)
  - Textautor, Textsorte, Textthema und Teilthemen, Textintention bestimmen
  - (Teil 1, Aufgabe 1, Fragen 1, 2, 5, 25, 26);
  - Textintentionen herausarbeiten und miteinander vergleichen
  - (Teil 1, Aufgabe 1, Fragen 12, 21, 22, 27, 28);
  - Ausgangssituation und Personenkonstellation heraushören
  - (Teil 3, Fragen 1–4);
  - zentrale Textpassage erfassen (Deutsch 3, Frage 7);

- Selektives Verstehen – durchgeführt am Leseverstehen (Sachtext)
  - Herauslesen spezifischer Textinformationen
  - (Teil 1, Aufgabe 1, Fragen 3, 4, 6–11, 24);

- Detailverstehen wichtiger Textpassagen
  - Verstehen wichtiger Wörter und Formulierungen (rezeptive Wortschatzarbeit)
  - (Teil 1, Aufgabe 1, Fragen 13–17);
  - Erkennen wichtiger Textbezüge durch Verweiswörter *(dies, sie, ihren)*
  - (Teil 1, Aufgabe 1, Fragen 18–20);
  - Zwischen-den-Zeilen-Lesen: Einstellungen und Gefühle der Personen herausarbeiten und beschreiben
  - (Teil 1, Aufgabe 1, Fragen 23, 26, Deutsch 3, Fragen 5, 6);

- Grammatikarbeit, die auf das Schreiben und Überarbeiten von Texten bezogen ist
  - Redeabsichten in einem Gespräch durch Einsetzen entsprechender Redeeinleitungen rekonstruieren (produktive Wortschatzarbeit) (Teil 2, Aufgabe 2);
  - Texte überarbeiten: Personen und Sachen durch passende (produktive Wortschatzarbeit) und korrekte Adjektive (Deklination) anschaulich beschreiben
  - (Teil 2, Aufgabe 3);
  - Herstellung wichtiger Textverknüpfungen (Sachtext „Bei den Navahos") z. B. zeitliche, konditionale oder kausale Verknüpfungen herstellen
  - (Teil 2, Aufgabe 4);
  - einen geschichtlichen Sachverhalt („Wie das Pferd nach Amerika kam") rekonstruieren: Verben in korrekten Präteritumformen einsetzen
  - (Teil 2, Aufgabe 5);

- Freies Schreiben – Geschichte zu Ende schreiben
  - Personen und Personenkonstellationen sowie die Situation aufgreifen;
  - Handlungen weiterentwickeln und motivieren;
  - Handlungsstrang zu Ende führen;
  - Text verständlich formulieren, Zusammenhänge explizieren,
  - Sätze und Texte sinnvoll miteinander verknüpfen;
  - anschauliche Wörter wählen (Ausdruck von Einstellungen und Gefühlen) (produktive Wortschatzarbeit);
  - grammatisch und orthografisch korrekt schreiben.

(4) Materialien zum Vorlesen

Hörtext zur Vorentlastung „Sajo und ihre Biber" zu Aufgabe 6 (S. 68)

Ihr hört jetzt, worum es in der Erzählung „Sajo und ihre Biber" geht.

Der indianische Jäger, von dem hier die Rede ist, heißt Gitschi Megwon, Die große Feder. Er lebt mit dem vierzehnjährigen Schapian und seiner kleinen Tochter Sajo allein, denn die Mutter ist schon vor Jahren gestorben.
Während die Kinder von Zeit zu Zeit in der Hütte zurückbleiben müssen, begutachtet der Vater sein Jagdrevier, damit keine Wilderer eindringen und die Jungtiere gefahrlos aufwachsen können.
Auf einer solchen Reise erreicht Gitschi Megwon gerade in dem Augenblick seinen Biberteich, als ein Fischotter den Damm zerstört hat, der den Teich vor dem Auslaufen schützt. Jetzt sind die Jungbiber in höchster Gefahr.

Die mutigen Bibereltern schlagen den Räuber zwar in die Flucht, aber unterdessen flüchten sich zwei der Biberkinder – völlig kopflos vor Angst und Schrecken – über den beschädigten Damm ins Bachbett und werden dort von der Strömung mitgerissen. Gitschi Megwon entdeckt die erschöpften im Wasser treibenden Tierchen, füttert sie, baut ihnen einen Reisekorb und beschließt, sie seiner kleinen Tochter als Geschenk zum elften Geburtstag mitzubringen.

Die Biber gewöhnen sich rasch an ihr neues Leben, und wenn auch kein Mensch ihnen die Eltern ersetzen konnte, so taten die drei alles, um sie gesund und glücklich zu erhalten. […]

Zunächst hatten sie keine Namen, und die Geschwister riefen bloß: „Un-daas, undaas, Amick, Amick! – Kommt her, kommt her, Biber, Biber!" Eines Tages aber beschlossen die Geschwister, den beiden Biberkindern eigene Namen zu geben. Und so geschah es, dass sie Tschilawii und Tschikanii genannt wurden, Groß-Klein und Ganz-Klein. […] Tschilawii und Tschikanii folgen ihren Beschützern auf Schritt und Tritt.

Alles, was auf dem Fußboden lag, schleppten sie von einer Ecke zur anderen. Später, als sie größer und stärker geworden waren, stahlen sie sogar Feuerholz aus der Kiste und schleiften es in ihr Haus, wo sie es mit ihren scharfen Zähnen in dünne Späne zerschlissen und Bettstreu daraus machten. Jedes Stofffetzchen, jedes kleine Kleidungsstück, das auf den Boden gefallen war, musste schleunigst aufgehoben werden, sonst war es dahin. Der Besen wurde heruntergezogen und umhergeschleift. Besen und Feuerholz waren überhaupt ihre Lieblingsspielzeuge, wohl hauptsächlich darum, weil sich damit so schön Krach machen ließ, und das gefiel ihnen ausgezeichnet.

Immer waren sie beisammen, entweder hinter- oder nebeneinander. Und wenn sie sich einmal aus den Augen verloren, stimmte jeder für sich ein mörderisches Geschrei an und suchte den anderen.

Sajo dachte oft, wie grausam es wäre, die beiden zu trennen. […]

Jetzt hört ihr einen Ausschnitt aus dem Buch „Sajo und ihre Biber".
Beantwortet anschließend die Fragen zum Text.

Hörtext
„Sajo und ihre Biber"
zu Aufgabe 6 (S. 69 f.)

[…] Das fröhlich-bunte Leben mit den vielen kleinen Streichen, erfüllt von Arbeit und Spiel, war unaussprechlich schön, und es war schwer zu sagen, wer von diesen Kindern der Wildnis am glücklichsten war: die auf vier Beinen oder die auf zwei. Eines steht fest: Alle vier waren eine fröhliche Kameradschaft in jenen glücklichen Tagen, in O-pi-pi-sowä, an den Sprechenden Wassern.

Die Bannockstücke waren in letzter Zeit immer kleiner geworden. Gitschie Megwon befand sich seit mehreren Tagen nicht daheim, sondern in der Handelsniederlassung, um einige Nahrungsvorräte einzutauschen und zu kaufen. Es gab kaum noch ein bisschen Mehl im Haus. Niemand, weder die Geschwister noch die Biber, hatte genug zu essen. Eines Tages kehrten sie in die Blockhütte zurück und fanden ihren Vater wieder daheim. Er sah sehr ernst aus und machte sich über irgendetwas Sorgen. Aber die Essvorräte waren da: Ein Sack Mehl und mehrere andere Sachen lagen auf dem Fußboden, und daneben stand ein fremder Mann, ein Weißer. Er hielt eine große Schachtel in der Hand. Gitschie Megwon sprach gütig zu seinen Kindern, aber kein Lächeln zog wie sonst über sein hageres Gesicht, und Kinder wunderten sich. Der Weiße stand immer noch da und sagte kein Wort. Etwas stimmte nicht. Selbst die zwei Biber Tschilawii und Tschikanii schienen es zu fühlen.

Tiere spüren so etwas sehr schnell, auch Tschilawii und Tschikanii standen still und wartend vor den beiden Männern. Schapian, der die Missionsschule besucht hatte und ganz gut Englisch verstand, hörte den Vater zu dem Fremden sagen:

„Das sind sie. Welchen wollen Sie nehmen?"

Was war das? Was meinte er damit? Ein scharfer Schmerz durchzuckte Schapians Brust, und er blickte rasch zur Schwester hinüber. Gott sei Dank, sie hatte nichts verstanden.

„Warten Sie, ich muss sie zuerst anschauen", antwortete der Fremde. „Sie sollen mal ein bisschen rumlaufen!" Er war ein dicklicher, gedrungener Mann mit einem roten

Gesicht und harten blauen Augen – Glasaugen, Eisaugen, dachte Schapian. Aber Gitschie Megwons dunkle Augen waren traurig, als sie auf Sajo und Schapian blickten. Er bat den Weißen, ein wenig zu warten, bis er mit den Kindern gesprochen habe.

„Sajo, Schapian; meine Tochter, mein Sohn", begann er leise auf indianisch, „ich muss euch etwas sagen".

Jetzt wusste Sajo, dass etwas Trauriges bevorstand. Sie drängte sich an Schapian und blickte scheu zu dem Fremden hinüber. Warum, o warum sah der die Biber so an?

„Meine Kinder", fuhr Gitschie Magwon fort, „das ist der neue Ladenhalter vom Handelsposten an der Rabbit Portage. Der alte, unser guter Freund, ist nicht mehr dort. Eine neue Gesellschaft hat den Posten übernommen und will, dass ich meine Schulden bezahle. Ich hab' viele Schulden und kann sie nicht abtragen vor der nächsten Winterjagd. Die Neuen wollen nicht so lange warten. Wir haben nichts im Haus, das wisst ihr, und sie wollen mir nichts geben, bis meine Schuld bezahlt ist. Ich muss deshalb eine große Reise machen für die Leute, mit andern Männern vom Dorf, Lasten zum neuen Handelsposten am Wiesensee schaffen. Das ist weit von hier. Meine Arbeit wird die Schuld bezahlen, ich werde sogar etwas übrig haben; aber ich bekomme das Geld erst, wenn die Arbeit getan ist. Und so lange müsst ihr auch leben, meine Kinder. Ich kann euch nicht hungrig sehen. Dieser Mann da" – er zeigte auf den Fremden –, „dieser Mann will uns etwas abgeben" – Gitschie Megwon wies auf die Pakete und den Mehlsack – „und dafür möchte er – will – möchte er – einen von – den Bibern."

Gitschie Megwon schwieg. Niemand rührte sich. „Lebende Biber sind sehr wertvoll, und – welchen der Mann auch nimmt – er wird nicht getötet werden. Mein Herz liegt wie ein Stein in meiner Brust, euretwegen, meine Kinder, und –", er blickte auf Tschilawii und Tschikanii, „und ihretwegen. Ich habe gesprochen." Schapian stand sehr still, sehr aufrecht; seine schwarzen Augen blickten hart den Händler an, während Sajo, die es kaum fassen konnte, flüsterte: „Es ist nicht wahr. Oh, es ist nicht wahr!"

Schapian sagte nichts, er legte den Arm um die Schwester und starrte den Fremden an, den Mann, der die Freude ihres Lebens rauben wollte. Und er hasste ihn! Er dachte an sein geladenes Gewehr in der Ecke. Aber der Vater hatte gesprochen, er musste gehorchen. Schapians schwarze Augen sprühten so hasserfüllt zu dem Weißen hinüber, dass es diesem unbehaglich wurde. Er machte rasch die Schachtel auf, packte einen Biber, setzte ihn hinein, klappte den Deckel darauf und nickte Gitschie Megwon zu:

„Gut, in ein paar Tagen seh' ich Sie ja in meinem Laden", sagte er noch und schritt mit der Schachtel unter dem Arm zur Tür hinaus, die mit einem Knall zuflog. Sajo fiel wortlos auf die Knie und drückte das Gesicht in Schapians Rockärmel. Der Fremde hatte Tschikanii mitgenommen! Tschilawii, der nicht wusste, was er denken sollte, wurde ängstlich und kroch in sein Birkenrindenhäuschen, allein.

[…] In diesen Tagen der Trauer war Tschilawiis Stimme selten zu vernehmen. Dafür ertönte sie nachts, wenn der Kleine aufwachte und in äußerster Verlassenheit nach einem anderen kleinen Pelzklumpen tastete und niemand finden konnte. Sajo hörte ihn immer, kroch ins Rindenhaus und legte sich weinend zu ihm, hielt ihn in den Armen, bis sie beide wieder einschliefen. Schapian saß stundenlang auf einem Fleck und starrte zu den fern wogenden Waldbergen hinüber. Er sagte nie etwas, aber sein Herz tat weh, sooft er an die Schwester dachte, die nicht mehr sang und nicht mehr fröhlich war. Ein harter würgender Klumpen steckte in seiner Kehle, und dann blickte er zornig und böse drein; denn kein Mensch, am allerwenigsten Sajo, durfte ahnen, wie schwer er die Tränen zurückhielt. Wie er die Säcke und Tüten hasste, die der Händler als Kaufpreis zurückgelassen hatte! Der aus dem Mehl gebackene Bannock erstickte ihn fast. Hätte er doch nur daran gedacht, dem Händler das Jagdgewehr anzubieten! Vier Nerzfelle hatte er damals dafür bezahlt, und die waren sicher mehr wert gewesen als der kleine Biber.

Schapian besaß noch seinen Tschilawii, trat ihn aber stillschweigend an die Schwester ab. Sie nahm den kleinen Burschen oft auf den Arm und wanderte mit ihm zu dem kleinen Bach, der von dem Hügel hinter dem Indianerdorf herabgeplätschert kam und dort einen kleinen Wasserfall bildete. Eine große alte Kiefer stand daneben. […]

So sah die Stelle aus, der die Indianer den Namen O-pi-pi-sowä, Ort der Sprechenden Wasser, gegeben haben. Eines Tages, als sie wieder einmal mit Tschilawii auf dem Schoß unter dem alten, weisen Baum saß und dem munteren Plätschern des kleinen Wasserfalls lauschte, schienen die Laute immer deutlicher, verständlicher zu werden. […] Sie vernahm die Worte, Indianerworte, die wie leise rauschendes Wasser klangen:

Sajo, Sajo!
Mah-jahn, mah-jahn.
Sajo, Sajo!
Don-na ja-dahn!

Sajo, Sajo!
Du musst wandern
in die Stadt.
In die Stadt
musst du wandern!

Die Stimme wiederholte die Worte, bald laut, bald leise. Zuletzt wurden sie so deutlich, dass Sajo die Stimme zu erkennen glaubte, eine Stimme, die sie lange, lange nicht mehr vernommen hatte: Mutters Stimme […]
Sajo sprang auf, nahm Tschilawii auf den Arm und redete mit ihm: „Tschilawii, Tschilawii! Wir holen Tschikanii. Wir müssen in die Stadt. Meine Mutter hat's gesagt. Ich weiß es!" […]
Schapian war nicht so schnell einverstanden, er musste die ganze Sache erst einmal gründlich überdenken und – er hatte noch nichts geträumt. „Das ist närrisch, kleine Schwester. Die Stadt ist weit, wir wissen den Weg nicht, haben kein Geld, und ohne Geld können wir weder essen noch schlafen. Tschilawii müssten wir auch mitnehmen. Und überhaupt, was würde unser Vater sagen?" Das klang nicht sehr ermutigend, aber wenn Sajo sich etwas in den Kopf gesetzt hatte, gab sie nicht so leicht nach. Sie wusste gleich eine Antwort auf Schapians Einwand:
„Vater ist so traurig wie wir und würde sich freuen, wenn Tschikanii wieder da wäre. Keiner von uns war seither froh und glücklich."
Das war richtig, aber sie sagte nicht, wie sie in die Stadt gelangen sollten und was dort zu tun sei. Sie glaubte an die empfangene Botschaft und war ganz sicher, dass alles recht werden musste. Schapian blickte seine Schwester an und sah den Glanz und die Zuversicht in ihren Augen. Was sie tun wollte und ihn zu tun bat, war schwer, das Schwerste, das je von ihm verlangt worden war. Er brachte es aber nicht übers Herz, ihren Plan ohne jeden Versuch einfach abzulehnen und sie noch trauriger als früher zu sehen. Ehe der Vater gegangen war, hatte er Schapian zu sich gerufen und gesagt: „Mach deine Schwester wieder froh!" Gut, er wollte es versuchen.
„Es sei so, meine Schwester; wir werden gehen." Und der Junge stand sehr aufrecht, sehr entschlossen, wie ein Mann. „Ich führe dich in die Stadt. Morgen gehen wir!"
Stolz und ernst blickte er über den See, dieser junge, heranwachsende Indianer, und hatte doch keine Ahnung, wie er es anpacken sollte. Er wusste nicht, welch verzweifeltem Abenteuer er und seine Schwester entgegengingen. Und das war gut! …

Indianer

A Vieles von dem, was man über Indianer hört und liest, ist falsch. Selbst der Name „Indianer" ist verwirrend. Als Kolumbus an der Küste von San Salvador landete, glaubte er, Indien erreicht zu haben. In einem Brief vom Februar 1493 nennt er deshalb die Eingeborenen der Insel „Indios". Obwohl die Bezeichnung „Indio" oder „Indianer" irreführend ist, hat sie sich in allen Weltsprachen durchgesetzt. Die weißen Händler benutzten den Ausdruck „Rothaut" für die Indianer. Das kam daher, dass manche Stämme sich mit roter Farbe bemalten. In Wirklichkeit reicht die Hautfarbe der Indianer von einem hellen Gelb oder Oliv bis zu einem sehr dunklen Braun. Die Farbe ihrer Augen bewegt sich von Schwarz, Braun oder Haselnuss bis zu Grau oder sogar Blau, ihre Haarfarbe von Pechschwarz bis zu einem hellen Braun. Manche Indianer sind groß und schlank und haben hohe Backenknochen, andere wiederum sind klein und untersetzt.

B Wer sind die Indianer? Woher kommen sie? Wie lange leben sie schon in Amerika? Diese Fragen sind immer noch ungeklärt. Die Forscher stimmen heute allgemein darin überein, dass die Vorfahren der Indianer aus Asien stammen. Die amerikanischen Indianer und die Ostasiaten zeigen sehr große Ähnlichkeit. Selbst heute sind Nordamerika und Asien nur durch eine etwa 80 km breite Wasserstraße voneinander getrennt. Vor vielen Jahrtausenden bestand vielleicht eine Land- oder Eisverbindung, über die manche Stämme herüberwanderten.

C Diese Stämme bildeten kein einzelnes Volk, sondern im Laufe der Jahrtausende kamen zahlreiche Gruppen aus Asien nach Amerika. Diese Gruppen sahen nicht nur ganz verschieden aus, sondern ihre Lebensweise war auch ganz unterschiedlich. Ein Teil der Indianer, wie die Pueblos, war sesshaft, baute Städte und künstliche Bewässerungssysteme für ihre Landwirtschaft. Andere, wie die Apachen, streiften als Wüstenräuber durch Gebiete, in denen selbst Klapperschlangen und Wölfe Mühe hatten, zu überleben. Viele Indianer waren Jäger, wie die Sioux. Andere Stämme lebten als Händler. Es gab kriegerische Indianerstämme, wie die Irokesen in New York und friedliche, wie die Pimas in Arizona. Aber selbst wenn sie nahe beisammen wohnten, wie etwa die Hopis und Navahos, besaßen sie dennoch verschiedene Sprachen, Sitten und Glaubenslehren.

D Mit der Einwanderung der Weißen begann der Untergang der Indianer. Die Weißen nahmen nach und nach ganz Amerika in Besitz. Sie vernichteten die Kultur der Indianer. Die Indianer wehrten sich verzweifelt und erregten dadurch den Hass der Weißen erst recht. Die Indianer wurden fast völlig vernichtet.

Indianer

Blatt 2

Name: _____ Klasse: _____ Datum: _____

35
E Indianer haben keine geschriebene Geschichte und deshalb keinerlei Hilfen, um sich an die Vergangenheit zu erinnern. Aber ihre Geschichte wird mündlich überliefert und sie ist exakt und korrekt bis ins kleinste Detail. Das liegt daran, dass sie ihr Gedächtnis über Jahrtausende hinweg intensiv trainiert haben, denn ihr Leben in der
40 Wildnis erforderte die Fähigkeit, sich vieles exakt zu merken und zu beschreiben. Eine wesentliche Eigenschaft der Indianer ist ihre Fähigkeit, Ereignisse, Daten und gesprochene Worte exakt wie ein Computer und jederzeit blitzschnell abrufbar im Gedächtnis zu behalten. So haben viele Häuptlinge immer wieder bewiesen, dass sie – obwohl sie weder lesen noch schreiben konnten – lange Friedensvertragstexte, die ihnen nur
45 ein einziges Mal vorgelesen wurden, Wort für Wort im Gedächtnis behielten. Und dies nicht nur bei einem Vertrag, sondern bei Dutzenden solcher Verträge, womit sie ihre Partner immer wieder in Erstaunen versetzten. Weil die Indianer ihre Geschichte nur mündlich überliefert haben, findet man in Geschichtsbüchern keine Texte von Indianern. Was über die Indianer in Geschichtsbüchern steht, wurde in der Regel von den
50 „weißen Männern", wie die Indianer die Amerikaner nannten, festgehalten und aufgeschrieben. In ihren Büchern wurden die Indianer vor allem als gefährliche Krieger dargestellt. Die Tatsache, dass die weißen Siedler den Indianern ihr Land weggenommen haben, bleibt meist unerwähnt. Die untergegangene Welt der Indianer ist ganz anders gewesen, als es in diesen Büchern steht.

(Text nach H. J. Stammel)

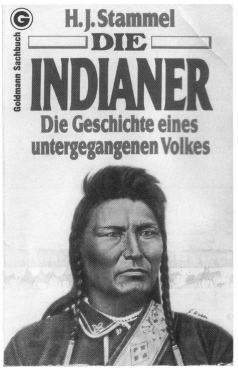

H. J. Stammel, einer der besten Kenner der amerikanischen Pioniergeschichte, korrigiert und widerlegt mit diesem Buch unsere Klischee-Vorstellungen von den Indianern. In einem spannenden Lesebuch dokumentiert er alles Wissenswerte über die Indianer Nordamerikas:

Landschaften • Besiedlung • Stämme
Sprachfamilien • Wohnstätten • Kleidung
Schmuck • Nahrung • Jagd • Waffen
Pferde • Kultur • Gesellschaft
Persönlichkeiten • Glaube • Riten
Brauchtum • Bauten • Kunst • Musik
Literatur • Kriege • Untergang
Reservate.

Die Indianer –
Legende und Wirklichkeit.

Indianer		Blatt 3
Name:	Klasse:	Datum:

Aufgabe 1

Lies den Text (Blätter 1 und 2) und löse folgende Aufgaben.

1. Es handelt sich um …
   a) ☐ einen Sachtext über Indianer.
   b) ☐ eine Erzählung über die Sioux.
   c) ☐ den Bericht eines Indianers über die Geschichte seines Stammes.
   d) ☐ die Rede eines Häuptlings.

2. Welche Überschrift passt zu welchem Abschnitt?
   Trage die entsprechenden Buchstaben ein.
   ____ Die verschiedenen Lebensformen der Indianer
   ____ Die Vernichtung der Indianer
   ____ Der Ursprung der Indianer
   ____ Die Geschichtsschreibung über die Indianer
   ____ Falsche Bezeichnungen für „Indianer"

3. Woher kamen die ersten Indianer? Ergänze den Satz.

   Die ersten Indianer kamen aus _____.

4. In welchem Satz steht, wie die Indianer vermutlich nach Amerika gekommen sind?

   Zeilen _____

5. Was steht im Text über die Lebensweise der Indianer?
   a) ☐ Die Indianer waren ein einziges Volk.
   b) ☐ Alle Indianer lebten in Städten.
   c) ☐ Die verschiedenen Indianerstämme hatten unterschiedliche Lebensformen.
   d) ☐ Alle Indianer waren kriegerisch.

6. Weshalb nennt man die Ureinwohner Amerikas Indianer?

   _____

   _____

Indianer			**Blatt 4**
Name:	Klasse:	Datum:	

7. Welche Lebensformen hatten die Indianer?

   Suche den entsprechenden Abschnitt im Text. Lies ihn genau durch und unterstreiche die Namen der Indianerstämme. Ergänze den Stichwortzettel.

   _____Pimas_____ waren friedlich.   _____ lebten in Städten.

   _____ lebten in der Wüste.   _____ waren Krieger.

   _____ lebten als Jäger.

8. Warum ist die Kultur der Indianer untergegangen?
   Die Kultur der Indianer ist untergegangen, …
   a) ☐ weil die Indianer nichts aufgeschrieben haben.
   b) ☐ weil die Indianer ihre Kultur nicht verteidigt haben.
   c) ☐ weil die Indianer sie nicht behalten wollten.
   d) ☐ weil die Weißen sie zerstört haben.

9. Welche Fähigkeit der Indianer stellt der Autor besonders heraus?
   Er bewundert …
   a) ☐ ihren Kampfesmut.
   b) ☐ ihr außergewöhnliches Gedächtnis.
   c) ☐ ihre Geschicklichkeit beim Reiten.
   d) ☐ ihr Talent, Spuren zu lesen.

10. Wer hat die Geschichte der Indianer aufgeschrieben?
    a) ☐ Die Häuptlinge haben die Geschichte der Indianer aufgeschrieben.
    b) ☐ Die Amerikaner haben die Geschichte der Indianer aufgeschrieben.
    c) ☐ Die Hopis und Navahos haben die Geschichte der Indianer aufgeschrieben.
    d) ☐ Kolumbus hat die Geschichte der Indianer aufgeschrieben.

11. Weshalb haben die Indianer ein so gutes Gedächtnis?

    _____

    _____

12. Was hält H. J. Stammel, der Autor dieses Textes, von der Geschichtsschreibung über die Indianer?
    In den Geschichtsbüchern …
    a) ☐ werden die Indianer als Helden verehrt.
    b) ☐ werden die Indianer falsch dargestellt.
    c) ☐ ist alles, was die Amerikaner über die Indianer geschrieben haben, wahr.
    d) ☐ wird betont, dass man den Indianern das Land weggenommen hat.

Indianer		Blatt 5
Name:	Klasse:	Datum:

Um folgende Aufgaben zu lösen, musst du bestimmte Stellen im Text (Blätter 1 und 2) genau durchlesen.

13. **„Diese Fragen sind immer noch ungeklärt"** bedeutet: (Zeile 14)
    a) ☐ Die Fragen sind noch nicht gestellt.
    b) ☐ Die Fragen wurden lange untersucht.
    c) ☐ Die Fragen sind noch nicht vollständig beantwortet.
    d) ☐ Die Fragen sind unklar.

14. **„Ein Teil der Indianer, …, war sesshaft, …"** bedeutet: (Zeile 23)
    a) ☐ Ein Teil der Indianer saß im Wigwam.
    b) ☐ Ein Teil der Indianer streifte durch die Wüste.
    c) ☐ Ein Teil der Indianer lebte fest an einem Ort.
    d) ☐ Ein Teil der Indianer wurde verhaftet.

15. **„… die Einwanderung der Weißen …"** bedeutet: (Zeile 31)
    a) ☐ Die Weißen sind in Amerika gewandert.
    b) ☐ Die Weißen haben sich in Amerika niedergelassen.
    c) ☐ Die Weißen haben Amerika entdeckt.
    d) ☐ Die Weißen sind von Asien nach Amerika eingewandert.

16. **„… der Untergang der Indianer"** bedeutet: (Zeile 31)
    a) ☐ Die Lebensgrundlage der Indianer wurde zerstört.
    b) ☐ Die Indianer sind mit einem Kanu untergegangen.
    c) ☐ Die Indianer wurden damals alle getötet.
    d) ☐ Die Indianer sind alle ausgewandert.

17. **„Die Indianer wehrten sich verzweifelt …"** bedeutet: (Zeile 33)
    a) ☐ Die Indianer wehrten sich nicht.
    b) ☐ Die Indianer wehrten sich mit aller Kraft.
    c) ☐ Die Indianer wehrten sich kaum.
    d) ☐ Die Indianer zweifelten an sich.

18. Das Wort **sie** bezieht sich auf …   (Zeile 37)
    a) ☐ die Eingeborenen.   c) ☐ die Indianer.
    b) ☐ die Weltsprache.   d) ☐ die Bezeichnung.

19. Das Wort **dies** bezieht sich auf …   (Zeile 44)
    a) ☐ das Vorlesen der Friedensvertragstexte.
    b) ☐ das Schreiben des Vertrags.
    c) ☐ das Behalten des Vertrags im Gedächtnis.
    d) ☐ das Unterzeichnen des Vertrags.

20. Das Wort **ihren** bezieht sich auf …   (Zeile 50)
    a) ☐ die Amerikaner.   c) ☐ die Krieger.
    b) ☐ die Indianer.   d) ☐ die Häuptlinge.

Indianer — Blatt 6

Name: _____ Klasse: _____ Datum: _____

Lies den folgenden Text.

Dies ist ein ganz besonderer Text. Er stammt aus dem Jahre 1855 und ist nicht leicht zu verstehen. Beim Lesen wirst du herausfinden, von wem er stammt und an wen er sich richtet. Die Aufgaben zu diesem Text helfen dir dabei.

Der große Häuptling in Washington sendet Nachricht, dass er unser Land zu kaufen wünscht.

Der große Häuptling sendet auch
5 Worte der Freundschaft und des guten Willens. Aber wir werden sein Angebot bedenken, denn wir wissen: Wenn wir nicht verkaufen, kommt vielleicht der weiße Mann mit Gewehren und nimmt
10 sich unser Land.

Was Häuptling Seattle sagt, darauf kann sich der große Häuptling in Washington verlassen, so sicher wie sich unser weißer Bruder auf die Wiederkehr
15 der Jahreszeiten verlassen kann.

Jeder Teil dieser Erde ist meinem Volk heilig, jede glitzernde Tannennadel, jeder sandige Strand, jeder Nebel in den dunklen Wäldern, jede Lichtung, jedes sum-
20 mende Insekt ist heilig, in den Gedanken und Erfahrungen meines Volkes.

Wir sind ein Teil der Erde, und sie ist ein Teil von uns. Die duftenden Blumen sind unsere Schwestern, die Rehe, das Pferd,
25 der große Adler sind unsere Brüder. Die felsigen Höhen, die saftigen Wiesen, die Körperwärme des Ponys und des Menschen – sie alle gehören zur gleichen Familie.

30 Wir wissen, dass der weiße Mann unsere Art nicht versteht. Ein Teil des Landes ist ihm gleich jedem anderen, denn er ist ein Fremder, der kommt in der Nacht und nimmt von der Erde, was immer er
35 braucht. Die Erde ist nicht sein Bruder, sondern sein Feind, und wenn er sie erobert hat, schreitet er weiter. Er behandelt seine Mutter, die Erde und seinen Bruder, den Himmel, wie Dinge zum Kaufen und
40 Plündern, zum Verkaufen wie Schafe oder glänzende Perlen. Sein Hunger wird die Erde verschlingen und nichts zurücklassen als eine Wüste.

Das Ansinnen, unser Land zu kaufen,
45 werden wir bedenken, und wenn wir uns entschließen anzunehmen, so nur unter einer Bedingung. Der weiße Mann muss die Tiere des Landes behandeln wie seine Brüder.

Indianer		Blatt 7
Name:	Klasse:	Datum:

21. Wie sieht der Autor des Textes das Verhältnis der Indianer zur Natur?
    - a) ☐ Sie wollen in den dunklen Wäldern möglichst viel Beute machen.
    - b) ☐ Sie wollen die Erde erobern.
    - c) ☐ Sie fühlen sich eins mit der Natur.
    - d) ☐ Sie wollen möglichst viele Tiere züchten.

22. Wie sieht der Autor des Textes das Verhältnis der Weißen zur Natur?
    - a) ☐ Sie wollen die Erde gnadenlos ausnutzen.
    - b) ☐ Sie wollen die Erde mit den Indianern teilen.
    - c) ☐ Sie wollen sich nur so viel nehmen, wie sie für ihr Leben benötigen.
    - d) ☐ Sie wollen Pflanzen und Tiere schützen.

23. „… wir werden sein Angebot bedenken, …"   (Zeile 6)
    Welches Angebot ist hier gemeint?
    - a) ☐ Die Weißen bieten den Indianern ihr Land an.
    - b) ☐ Die Indianer bieten den Weißen ihr Land an.
    - c) ☐ Die Weißen bieten den Indianern an, ihnen ihr Land abzukaufen.
    - d) ☐ Die Weißen bieten den Indianern an, um das Land zu kämpfen.

24. Was befürchten die Indianer, wenn sie ihr Land nicht verkaufen?
    In dem Fall befürchten die Indianer, dass …
    - a) ☐ ihr Land immer weniger wert wird.
    - b) ☐ sie für immer arm bleiben.
    - c) ☐ niemand mehr ihr Land kaufen will.
    - d) ☐ die Weißen ihnen ihr Land wegnehmen.

25. Von wem stammt der Text?
    Der Text stammt von …
    - a) ☐ einem „weißen Mann".
    - b) ☐ einem amerikanischen Geschichtsschreiber.
    - c) ☐ dem Häuptling aus Washington.
    - d) ☐ einem Indianerhäuptling.

26. Wer ist wohl der große Häuptling in Washington, an den der Text sich richtet?
    Beim großen Häuptling in Washington handelt es sich um …
    - a) ☐ den Häuptling eines kriegerischen Stammes.
    - b) ☐ den Präsidenten der Vereinigten Staaten von Amerika.
    - c) ☐ einen Soldaten.
    - d) ☐ einen Indianer vom Stamme des Autors.

Indianer

Blatt 8

Name: _____ Klasse: _____ Datum: _____

Vergleiche nun abschließend die beiden Texte.

27. Der Autor des Textes „Indianer" (Blätter 1 und 2) will in erster Linie ...
    - a) ☐ seine Leser über Indianer informieren.
    - b) ☐ seinen persönlichen Standpunkt klarmachen.
    - c) ☐ eine spannende Geschichte erzählen.
    - d) ☐ das Verhalten der Weißen verteidigen.

28. Der Autor des Textes von Blatt 6 will in erster Linie ...
    - a) ☐ seine Leser über Indianer informieren.
    - b) ☐ seinen persönlichen Standpunkt klarmachen.
    - c) ☐ eine spannende Geschichte erzählen.
    - d) ☐ das Verhalten der Weißen verteidigen.

Indianer		**Blatt 9**
Name:	Klasse:	Datum:

Aufgabe 2

Lies folgende Geschichte und setze die passenden Redeeinleitungen aus dem Kasten ein.

Der Autor eines bekannten Indianerbuchs _____1_____ folgende Geschichte: Irgendwo auf einer einsamen Bahnstation, wo der Zug etwas Aufenthalt hatte, ereignete sich Folgendes:

Ein Tourist, der sich die Beine vertreten wollte, erblickte auf dem Bahnsteig einen uralten Indianer. Der Bahnbeamte _____2_____: „Dieser alte Indianer hat ein phänomenales Gedächtnis!"

Daraufhin _____3_____ der Tourist _____3_____: „Den werde ich testen."
Er stellte sich daraufhin vor den alten Mann und _____4_____:
„Was haben Sie am Morgen des 6. August 1863 zum Frühstück gegessen?"

Der Alte _____5_____ prompt: „Eier …"

„Ha", _____6_____ ihn der Tourist, „das ist wohl keine Kunst, alle Leute in diesem Land essen Eier zum Frühstück. Damit haben Sie mir über die Qualität des Gedächtnisses überhaupt nichts verraten."

Fünf Jahre später ergab es sich, dass der Tourist auf der gleichen Bahnstation ausstieg, aber sie war inzwischen ein gigantischer Bahnhof in einer Großstadt geworden mit hundertvierunddreißig durchgehenden Zügen täglich. Er erblickte den alten Indianer, der meditierend auf einer Bank saß, ging auf ihn zu, hob die Hand und _____7_____: „How!"

Der alte Indianer schaute auf und _____8_____: „…, gerührt mit Speck und Ahorn-Sirup."

| behauptete | unterbrach | grüßte | nahm sich vor |
| fragte | erwiderte | fuhr fort | erzählt |

Indianer — Blatt 10

Name: _____ Klasse: _____ Datum: _____

Welche Redeeinleitung passt?

Das Indianermädchen Sajo und ihr Bruder Schapian sind auf dem Weg in die Stadt.

9. „Wir müssen auf die andere Seite des Flusses",
   a) ☐ stellt Schapian fest.
   b) ☐ bittet Schapian.
   c) ☐ fragt Schapian.
   d) ☐ wünscht sich Schapian.

10. „Das schaffen wir doch nie!",
    a) ☐ fordert Sajo.
    b) ☐ befiehlt Sajo.
    c) ☐ zweifelt Sajo.
    d) ☐ freut sich Sajo.

11. „Hab keine Angst, gemeinsam schaffen wir das",
    a) ☐ ermuntert der Junge das Mädchen.
    b) ☐ vertröstet der Junge das Mädchen.
    c) ☐ klagt der Junge.
    d) ☐ erzählt der Junge.

Indianer		Blatt 11
Name:	Klasse:	Datum:

12. „Sollen wir nicht umkehren?",
    a) ☐ befiehlt das Mädchen.
    b) ☐ befürchtet das Mädchen.
    c) ☐ glaubt das Mädchen.
    d) ☐ schlägt das Mädchen vor.

13. „Nein, wir könnten doch versuchen, ein Floß zu bauen",
    a) ☐ entgegnet er.
    b) ☐ befiehlt er
    c) ☐ zaudert er.
    d) ☐ fragt er.

14. „Das ist eine gute Idee!",
    a) ☐ beklagt sie.
    b) ☐ warnt sie.
    c) ☐ bestätigt sie.
    d) ☐ erinnert sie sich.

15. „Los, wir sammeln Holz und fangen sofort damit an",
    a) ☐ denkt Schapian.
    b) ☐ fordert Schapian Sajo auf.
    c) ☐ behauptet Schapian.
    d) ☐ hofft Schapian.

Indianer

Blatt 12

Name: _____ Klasse: _____ Datum: _____

Aufgabe 3

In diesem Text wird *Gitschie Megwon, die Große Feder,* vorgestellt. Aber es fehlen die Adjektive. *Überarbeite den Text, indem du die passenden Adjektive in der richtigen Form einsetzt. Achte auf die Hinweise am Rand des Textes.*

Text	Hinweis
Die Große Feder, ein __weiser__ Indianer erzählt:	Der Indianer war klug.
Dort, wo die Strömung des Flusses besonders ____1____ dahinrauschte, paddelte ein	Wie war die Strömung?
____2____ Indianer in seinem Kanu durch das	Er war ganz allein!
____3____ Wasser. Damals hatte der weiße Mann jenen Fluss noch nicht entdeckt.	Es war ganz sauber!
Der Indianer war ein ____4____ Mann.	Nicht klein!
Sein ____5____ Haar fiel in zwei Zöpfen über seine Schultern.	Welche Farbe hatte das Haar?
Die ____6____ Augen blickten scharf und forschend drein. Er trug einen Hirschlederanzug mit Fransen und sah genauso aus wie die Indianer in den Büchern.	Wie sind die Indianeraugen?
Das Kanu war mit Blättersaft leuchtend ____7____ gefärbt.	Wie die Sonne!
Vorn am Bug war ein ____8____ Vogelauge gemalt und am Heck wedelte ein	Beschreibe seine Form.
____9____ Fuchsschwanz im Wind hin und her. Der Indianer betrachtete sein Kanu wie etwas Lebendiges, das wie alle Lebewesen Kopf und Schwanz besaß.	Wie war der Schwanz?
Im Kanu lagen ein ____10____ Zelt,	Das Zelt war nicht aufgebaut.
ein ____11____ Sack mit Vorräten, eine Axt,	In den Sack ging wenig hinein.
ein Teekessel und ein ____12____ Gewehr.	Er hatte es von seinem Vater.

einsam	alt	klein	glasklar	buschig	zusammengefaltet
~~weise~~	groß	dunkel	pechschwarz	reißend	gelb

Indianer — Blatt 13

Name: _____   Klasse: _____   Datum: _____

Aufgabe 4

Lies den Text und ergänze ihn mit Wörtern aus dem Kasten. Achte auf die Groß- und Kleinschreibung! Du darfst jedes Wort nur einmal gebrauchen.

Bei den Navahos

Der Stamm der Navaho-Indianer lebt im Südwesten der USA. Teile seines Gebietes sind Wüste oder Halbwüste. _____(1)_____ waren die Navahos Jäger und Nomaden. Um 1800 haben die Navahos noch große Schaf- und Ziegenherden besessen und viele Pferde, _____(2)_____ durch das Abweiden breitete sich die Wüste mehr und mehr aus und sie konnten nicht mehr als Nomaden leben, _____(3)_____ sie mussten sesshaft werden. _____(4)_____ sie sich aber im Südwesten ansiedelten, übernahmen sie von den Pueblo-Indianern die Kunst des Ackerbaus und von den Spaniern die Viehzucht. _____(5)_____ die Navahos stets sehr anpassungsfähig waren, lernten sie schnell die Silberschmiedekunst und ihre Frauen wurden geschickte Weberinnen. _____(6)_____ sind Navahoteppiche in ganz Amerika gefragt. Es heißt aber, _____(7)_____ keine Frau länger als zwei Stunden am Tag vor ihrem Webstuhl sitzen sollte. Weben bedeutet „etwas Schönes schaffen". _____(8)_____ etwas Schönes schafft, hat Anteil an der Schöpfung. _____(9)_____ geht es vorrangig nicht _____(10)_____ Geld zu verdienen. Die Navahos sind der Meinung, dass zu viel Arbeitszeit auch eine Vernachlässigung der Mitmenschen bedeutet: „_____(11)_____ ein Mensch zu viel arbeitet, hat er keine Zeit für seine Freunde." Schon kleine Kinder helfen bei den Navahos bei der täglichen Arbeit mit. Sehr oft findet man an den Buden neben der Straße Mädchen, _____(12)_____ Ketten aus Wacholderbeeren herstellen und an Touristen verkaufen. Man lässt die Kinder sehr selbstständig arbeiten.

doch	dass	Deshalb	Als	die	Früher
darum	sondern	Wer	Heute	Weil	Wenn

Indianer

Blatt 14

Name: _____ Klasse: _____ Datum: _____

Aufgabe 5

Lies den Text und setze die Verben ins Präteritum (Imperfekt).

Wie das Pferd nach Amerika kam

Als die spanischen Entdecker 1519 an der Ostküste Mexikos (landen) __landeten__, (haben) _____₁ sie Pferde dabei. Die Ureinwohner des Landes, die von den Europäern „Indianer" genannt wurden, (kennen) _____₂ keine Pferde und (halten) _____₃ die Reiter für übernatürliche Wesen. Die Pferde (verbreiten) _____₄ sich schnell. Überall, wo spanische Siedler (wohnen) _____₅, (geben) _____₆ es große Herden. Die Indianer (verlieren) _____₇ ihre Scheu vor den Tieren und (beginnen) _____₈, entlaufene Pferde einzufangen, verwilderte zu zähmen oder auch zahme zu stehlen. Die Mustangs, die heute noch in einigen Gegenden der USA wild leben, stammen von diesen Pferden ab. Das Leben in der Wildnis (verändern) _____₉ diese Tiere: Ihre Nachkommen (sein) _____₁₀ kleiner, drahtiger und anspruchsloser. Die Indianer (nennen) _____₁₁ ihre Pferde „suna wakan", das heißt „Gras fressende Hunde". Sie (werden) _____₁₂ vorzügliche Reiter. Sie (reiten) _____₁₃ ohne Sattel und Zaumzeug. Die Indianerponys, wie sie wegen ihrer geringen Größe auch genannt wurden, (reagieren) _____₁₄ auf die leisesten Hilfen ihrer Reiter und (gelten) _____₁₅ als sanftmütiger als die Pferde der Weißen.

Indianer — Blatt 15

Name: _____ Klasse: _____ Datum: _____

Aufgabe 6

Hier siehst du das Umschlagbild eines Taschenbuchs. Aus dem Text auf der Rückseite des Buches erfährst du etwas über die Geschichte von Sajo und ihren Bibern.

Schau dir das Bild und den Titel des Buches an. Vermute, was in dem Buch steht. Lies den Namen des Autors. Was fällt dir auf?

Wäscha-kwonnesin heißt auf Deutsch *Grau-Eule*. Er lebte von 1888 bis 1938.

Wäscha-kwonnesin sagt über sein Buch:
„Ich werde von einem indianischen Jäger, von seinem Sohn und seiner Tochter erzählen und von zwei kleinen Biberkindern, die ihre Freunde waren. Ihr sollt hören von ihren Abenteuern in den großen Nordlandwäldern und in der fremden Stadt. Ihr sollt erfahren, welch gute Freunde diese vier waren, wie einer von ihnen verloren ging und wiedergefunden wurde. Ich werde berichten von den Gefahren, die sie bestanden, von den Freuden, die sie erlebten, und wie alles ein gutes Ende fand."

Deutscher Taschenbuch Verlag

Hier seht ihr die Personen und Tiere, die im Buch vorkommen.
Ihr hört jetzt, worum es in der Erzählung „Sajo und ihre Biber" geht.

Indianer			**Blatt 16**
Name:	Klasse:	Datum:	

Hör jetzt, wie die Geschichte weitergeht.
Beantworte folgende Fragen in ganzen Sätzen.

1. Wie sieht das tägliche Leben in der Indianerfamilie aus?

2. Wie geht es den Bibern bei den Kindern?

3. Warum macht sich der Vater Sorgen?

4. Warum kommt der weiße Händler zu der Indianerfamilie?

5. Wie fühlt sich Sajo daraufhin? Begründe deine Antwort.

Indianer		Blatt 17
Name:	Klasse:	Datum:

6. Was geht in Schapian vor?

7. Was erlebt Sajo am Wasserfall?
   Welchen Entschluss fasst sie?

8. Wie könnte die Geschichte zu Ende gehen?
   Schreibe, wie es Sajo und Schapian gelingt, Tschikanii zu befreien.

3.3 Archäologen

(1) Thema und Textauswahl

Basistext dieser Prüfung ist der Text „Archäologen bei der Arbeit" von Alice Ammermann und Tilman Röhrig. Es handelt sich um einen Sachtext, in dem die Arbeit der Archäologen beschrieben wird. Obwohl das Thema am Geschichtsunterricht angelehnt ist, setzt der Text kein Fachwissen oder Fachvokabular voraus: Alle Aufgaben können ohne weiteres Hintergrundwissen aus dem Text herausgelöst werden. Der Text beschreibt auf sehr anschauliche Weise am Beispiel der Archäologie, wie wissenschaftliche Arbeit abläuft: Vom Finden des „Untersuchungsgegenstandes" über das Beschreiben und Registrieren bis zur Auswertung. Die weiteren Texte der Prüfung beschäftigen sich ebenfalls mit dem Thema „Alltagsleben in früheren Zeiten": Ein Lehrbuchtext („Auf dem Lande") über das römische Landleben, ein Zeitschriftenartikel („Urzeitliche Flötentöne") über chinesische Musikinstrumente aus der Steinzeit sowie ein authentisches Interview („Interview mit einem Archäologen") als Hörtext.

(2) Abfolge der Aufgaben

Teil 1

In Aufgabe 1 wird das Global- und Detailverstehen eines Sachtextes überprüft: Um den Sachtext global verstehen zu können, muss zunächst das Textthema erfasst werden. Zu den zentralen Aufgaben des Globalverstehens gehört weiterhin, dass die Schüler verstehen, wie die Archäologen arbeiten, welche Ziele sie mit ihrer Arbeit verfolgen und welche Schlussfolgerungen sie aus ihren Funden ziehen (Frage 1–14 und 21). Zentrale Stellen des Sachtextes müssen darüber hinaus im Detail bearbeitet und verstanden werden. In den Fragen 15–20 geht es um das Detailverstehen: Die Schüler sollen die Arbeit der Archäologen über Bedeutungserläuterungen von Wörtern und Wortbildungen interpretieren; dazu müssen die entsprechenden Textstellen von den Schülern genau gelesen werden.

In Aufgabe 2 wird ein zentraler Aspekt von Sachtexten herausgegriffen, und zwar die Beschreibung von Zielen und Zwecken: Die Schüler sollen mithilfe von Abbildungen Ziele und Zwecke archäologischer Werkzeuge beschreiben. Dazu müssen sie aus vorgegebenen sprachlichen Formulierungen (finale Konjunktionen und Präpositionen) die passenden auswählen und in einen Lückentext einsetzen.

Das Ergebnis der archäologischen Arbeit ist das Berichten über die Vergangenheit. Hier bietet sich eine Aufgabe zu Form und Gebrauch des Präteritums an (Aufgabe 3). In dem Text wird das Alltagsleben zur Römerzeit beschrieben. Dazu müssen die Schüler die Handlungen und Vorgänge durch Verben im Präteritum ausdrücken.

Ein weiteres Grammatikthema, das in Sachtexten wichtig ist, sind die Präpositionen. Sie dienen vor allem zur Beschreibung von Ortsbestimmungen (lokale Präpositionen) sowie zur Beschreibung der Zeitabläufe (temporale Präpositionen). Weiterhin charakteristisch sind Verben mit Präpositionen (z. B. *sich handeln um…, sich interessieren für…*). In Aufgabe 4 sollen die Schüler Präpositionen und präpositionale Ergänzungen in einen authentischen Zeitschriftenartikel („Urzeitliche Flötentöne") einsetzen.

Teil 2

Neben Leseverstehen, Grammatik- und Wortschatzarbeit, Schreiben und Sprechen gehört das Hörverstehen zu den wichtigen Lernbereichen des Deutschunterrichts. Immer, wenn im Unterricht gesprochen wird, sei es, dass ein Text vorgelesen wird, sei es, dass in der Gruppe diskutiert wird, wird auch das Hörverstehen geübt. Außerhalb des Unterrichts werden die Schüler ständig mit Hörtexten konfrontiert und müssen lernen, Hörtexte mithilfe entsprechender Hörstrategien zu verarbeiten. Die Didaktik und Methodik des Hörverstehens unterscheidet sich von der des Leseverstehens. Dies hängt vor allem mit der Rezeptionssituation zusammen: Nachlesen, Zurückblättern und genaues Nachdenken über einzelne Wörter und Formulierungen sind hier weder möglich noch nötig. Deshalb sollte auf Aufgaben zum Detailverstehen in der Regel verzichtet werden. Ziel dieses Hörverstehens ist das Heraushören zentraler Textinformationen. Da Hörtexte aufgrund des einmaligen Hörens schwer zu verstehen sind, müssen Hörverstehensaufgaben auch in viel größerem Maße vorentlastet werden.

Die Aufgabe 5 zum Hörverstehen ist nach diesen didaktischen Vorgaben aufgebaut: Auf eine längere Vorlaufphase konnte verzichtet werden, da das Thema des Lesetextes wieder aufgegriffen wird. Da die Schüler sich bereits mit dem Themenkreis beschäftigt haben, enthält der Hörtext zum Teil bekannte Informationen, die nur wiedererkannt werden müssen. „Neue" Information ist bewusst reduziert worden. Bei dem Hörtext (vgl. S. 74 f.) handelt es sich um ein Experteninterview mit einem Archäologen, das sich zu diesem Thema anbietet. Die Aufgabe ist kindgemäß gestaltet: Zum einen wird das Interview von Schülern durchgeführt und es werden nur wenige Fragen gestellt; zum anderen versucht der Archäologe, die geschilderten Sachverhalte möglichst kindgemäß zu vermitteln. Außerdem brauchen die Schüler keine Details wiederzugeben, sondern sollen zentrale Informationen heraushören. Weitere didaktisch-methodische Entlastungen betreffen eine kurze Orientierung vor dem Vorspielen (Bild von Funden aus gallorömischer Zeit), das Lesen der Fragen vor dem Hören („Fragen an den Archäologen") sowie unterstützende visuelle Mittel (Bild einer Schulszene).

Teil 3

In der Aufgabe zur Textproduktion (Aufgabe 6) geht es um das freie Schreiben. Die Schüler sollen auf Entdeckungsreise gehen, forschen, Fragen stellen und Ergebnisse finden. Allerdings nicht in der realen Welt, sondern im Reich der Fantasie. Als Impuls dient ein Bild. Anhand einiger vorgegebener Fragen können die Schüler weitere Fragen entwickeln und die Antworten darauf in einer Fantasiegeschichte zu einem zusammenhängenden Text formulieren.

Bei der Beurteilung der Geschichte kann folgendes Anforderungsprofil angelegt werden:
- Anforderungen, die der Text in Bezug auf Aufbau und Gliederung haben sollte:
  - themenzentrierte Darstellung (zentrales Thema: „Die geheimnisvolle Kiste");
  - „fantasievolle" Angabe(n) von konstitutiven Erzählelementen (beteiligte Personen, Ort, Zeit, Umstände);
  - Darstellung der Gefühle und Reaktionen der Personen (z. B. Erstaunen, Angst, Zweifel, Vermutungen);
  - „dramaturgische" Abfolge der Erzählschritte: Diese orientieren sich an der klassischen Einteilung Einführung, Hauptteil, Schluss. Die Hinführung zum Thema kann unterschiedlich gestaltet sein (z. B. unmittelbarer Einstieg), der Hauptteil soll spannend und fantasiereich ausformuliert sein. Die Ausgangsfragen (Sprechblasen) sollten einbezogen sein. Der Schluss kann eventuell offen sein.

- Anforderungen, die der Text in Bezug auf die Grammatik erfüllen sollte:
  - korrekte Wortstellung und richtiger Satzbau, vollständige Sätze;
  - korrekter Kasusgebrauch und richtige Endungen;
  - sinnvolle Verknüpfungen (z. B. Satzverknüpfungen);

- Anforderungen, die der Text in Bezug auf Wortschatz und Stil erfüllen sollte:
  - anschaulicher Ausdruck (z. B. für Farben, Gerüche, Ortsbeschreibungen, …);
  - treffende Wortkombinationen (*eine Kiste öffnen, in die Kiste hineinschauen, …*);
  - treffende Wörter für Gefühle, Gedanken und Reaktionen (*überrascht, erstaunt, erschrocken, …; er hoffte, er befürchtete, er vermutete, …*);

- Der Schülertext sollte orthografisch korrekt formuliert sein.

(3) Kompetenzen und Kompetenzbereiche

Die vorliegende Prüfung bietet eine Möglichkeit zur Beurteilung der Kompetenzen der Schüler im Bereich des Umgangs mit Sachtexten: Leseverstehen, Grammatik und Wortschatz (Teil 1) sowie Hörverstehen (Teil 2). Die Fähigkeit zur Textproduktion wird anhand einer Aufgabe zum freien Schreiben (Fantasiegeschichte; Teil 3) überprüft.

Im Einzelnen sind folgende Kompetenzbereiche angesprochen:

- Globalverstehen eines Textes – durchgeführt am Leseverstehen (Sachtext)
  - Textautor, Textsorte, Textthema, Textintention (Teil 1, Frage 0–2, 5–6, 21);
  - Rekonstruktion von Abläufen und Vorgängen (Teil, Frage 3, 7, 9–12, 14);
  - Ziele und Folgerungen herausarbeiten (Teil 1, Fragen 4, 8);

- Detailverstehen wichtiger Textpassagen – durchgeführt am Leseverstehen (Sachtext)
  - Schlüsselwörter/Schlüsselstellen über Wortbedeutungen bestimmen (rezeptive Wortschatzarbeit) (Teil 1, Fragen 15–20);

- Selektives Textverstehen – durchgeführt am Leseverstehen (Sachtext) und Hörverstehen (Interview)
  - Herauslesen spezifischer Textinformationen (Teil 1, Fragen 12–14);
  - Heraushören bestimmter Textinformationen (Teil 2, Fragen 1–13);

- Grammatikarbeit, die auf das Schreiben und Überarbeiten von Texten bezogen ist
  - Ziele und Zwecke (von Werkzeugen) durch Einsetzen entsprechender Konjunktionen und Präpositionen für einen Text formulieren;
  - Präteritumverben in einem Geschichtstext („Auf dem Lande") korrekt einsetzen und dadurch eine Beschreibung vervollständigen;
  - in einem Zeitungsartikel („Urzeitliche Flötentöne") durch Einsetzen von Präpositionen Ortsbestimmungen und Zeitabläufe rekonstruieren;

- Freies Schreiben – Textsorte „Fantasiegeschichte"
  - Anhand eines Bildimpulses Ideen sammeln („Was könnte hier passiert sein?");
  - Erzählrahmen festlegen (Personen, Ort, Zeit, besondere Situation);
  - Dramaturgie einer „Entdeckung" in einer fantasievollen Geschichte entwickeln („Woher könnte die Kiste kommen? Was könnte in der Kiste drin sein? Was könnte man mit der Kiste machen?" usw.);
  - anschauliche und ausdrucksstarke Wörter wählen (produktive Wortschatzarbeit);
  - treffende Wortverknüpfungen benutzen (produktive Wortschatzarbeit);
  - grammatisch und orthografisch korrekt schreiben.

(4) Materialien zum Vorlesen

Hörtext: „Interview mit einem Archäologen" zu Aufgabe 5 (S. 88 f.)

Die Schüler einer sechsten Klasse besuchten Archäologen bei ihrer Arbeit und stellten ihnen ein paar Fragen. Auf der nächsten Seite findet ihr die Fragen, die die Kinder vorbereitet haben.
Lest sie einmal durch. Dafür habt ihr drei Minuten Zeit.

Jetzt hört ihr das Interview mit dem Archäologen. Hört genau zu und achtet auf die Antworten des Archäologen. Aber keine Angst, Einzelheiten müsst ihr nicht im Kopf behalten.

1. Welche Ausgrabungen machen Sie denn hier in Nospelt?

Hier in Nospelt graben wir einen Bauernhof aus der Römerzeit aus. Ja, das was ihr hier seht, war einmal ein kompletter Bauernhof …

2. Finden noch weitere Ausgrabungen in Luxemburg statt?

Ja, in Luxemburg finden fast ständig interessante Ausgrabungen statt. Außer in Nospelt graben wir zurzeit bei Mersch. Dort graben wir einen Tempel aus der gallo-römischen Zeit aus.

3. Gibt es eigentlich Probleme bei solchen Ausgrabungen?

Ja, es sind immer dieselben Probleme, die wir bei solchen Ausgrabungen haben. Das geht oft so: Irgendwo wird gebaut und plötzlich findet jemand auf der Baustelle irgendetwas Interessantes in der Erde. Die Fundstellen werden also zufällig bei Bauarbeiten entdeckt. Und weil Bauarbeiten weitergehen müssen, müssen wir uns dann sehr beeilen. Das bedeutet für unsere Arbeit: Wir müssen sehr schnell ausgraben. Es gibt aber noch ein zweites Problem: Besonders schwierig sind Ausgrabungen bei Frost oder Regen, denn dann müssen wir beheizbare Zelte aufbauen und das ist natürlich sehr teuer. Wenn es zu warm ist, ist es aber auch schwierig, dann ist die Erde teilweise so hart wie Beton.

4. Haben Sie bei Ihren Ausgrabungen schon etwas gefunden?

Wir haben eine ganze Menge gefunden. Es sind zwar keine kostbaren Schätze, die wir gefunden haben, sondern ganz einfache Dinge, die die Leute jeden Tag benutzt haben, zum Beispiel: Scherben von Tellern und Schüsseln, Teile von Töpfen. Übrigens, was wir heute noch finden, besteht entweder aus Keramik, Glas oder Metall. Dagegen haben sich Leder, Stoff oder Holz nur sehr selten bis heute im Boden erhalten.

5. Was kann man an diesen Funden erkennen?

An diesen Funden kann man sehr viel erkennen. Jedes noch so kleine Stück kann interessant sein und verraten, wie die Menschen damals gelebt haben. Dazu will ich einmal ein paar Beispiele geben. Nehmen wir als Beispiel die Scherben von Tellern und Schüsseln. Ein kleines Stückchen von einem Teller, was kann man daran schon sehen, werdet ihr vielleicht denken. Nun, solche Reste von Tellern sind oft zerkratzt und an diesen Kratzern können wir sehen, wie die Leute gegessen haben. Mit Messern und Gabeln oder vielleicht sogar mit den Fingern. Manchmal steht sogar etwas auf den Töpfen und Gefäßen geschrieben. Dann wurde eingeritzt, was in dem Gefäß aufgehoben wurde. Das ist natürlich ein Glücksfall, wenn wir solche Inschriften entdecken. Aber wir finden nicht nur Teller und Töpfe. Sehr oft sind ja Mauern und Fundamente erhalten und daran können wir sehen, wie die Häuser damals ausgesehen haben, wie viele Zimmer es gab, wie groß die Zimmer waren, wie die Leute damals zusammenlebten und -wohnten.

6. Haben Sie auch etwas über das Leben der Kinder zur Römerzeit herausgefunden?

Ja das haben wir. Und ich möchte das wichtigste Resultat gleich zu Anfang nennen: Soweit wir wissen, hat sich das Leben der Kinder in der Römerzeit weniger vom Leben der Erwachsenen unterschieden als heute. Ich will das einmal an ein paar Punkten deutlich machen: Kinder hatten zum Beispiel keine eigene Kinderkleidung. Sie waren genau so angezogen wie die Erwachsenen. Kinder hatten auch keine eigenen Kinderzimmer. Sie lebten mit den Erwachsenen zusammen. Die Menschen in der Römerzeit lebten ganz eng zusammen, viel enger als heute.

Und schließlich hatten die Kinder nicht so viel Freiheit wie ihr heute. Sie mussten wie die Erwachsenen zu Hause mitarbeiten. Da die meisten Menschen auf dem Land als Bauern und in den Städten als Handwerker lebten, gab es viel zu tun, bei dem die Kinder helfen mussten.

7. Woher haben Sie die Informationen über die Kinder aus der Römerzeit?

Es ist gar nicht so leicht, etwas über die Kinder zur Römerzeit herauszufinden. Woher bekommen wir nun unsere Informationen? Nun, wir haben vor allem Bilder – keine Fotos, natürlich auch keine gemalten Bilder. Die Bilder, von denen ich hier spreche, sind in Stein gehauen. Solche Bilder finden wir in dieser Gegend sehr oft auf Grabmonumenten. Hier seht ihr einen Lehrer mit seinen drei Schülern.

8. Was können Sie uns über die Schule damals erzählen?

Also, das war damals ganz anders als heute. Nur sehr wenige Kinder gingen überhaupt zur Schule. Denn Schulen gab es nur in den Städten und die Eltern mussten für die Schule viel Geld bezahlen. Der Unterricht fand in ganz einfachen Räumen statt und es gab keine Wandtafel, keinen Diaprojektor und auch keinen Videorekorder. Wenn das Wetter schön war, fand der Unterricht draußen statt. Die Kinder haben auf ein Wachstäfelchen geschrieben und zwar mit einem spitzen Griffel aus Metall. Die älteren Kinder lasen auch in Buchrollen aus Papyrus. Diese Buchrollen waren aber sehr teuer und nur sehr wenige Menschen konnten sich überhaupt solche Buchrollen leisten. Man lernte in der Schule lesen, schreiben und rechnen. Also, die römischen Kinder lernten dieselben Dinge wie ihr.

Wir danken für das Gespräch.
Gern geschehen.

Archäologen bei der Arbeit

Alice Ammermann/Tilman Röhrig

Wenn wir wissen wollen, wie der Alltag eines Kindes vor 20 Jahren ausgesehen hat, können wir ältere Menschen fragen oder wir besorgen uns aus dem Archiv Zeitungen von jener Zeit. Schauen wir uns dann noch Ausschnitte aus Wochenschauen und Fernsehsendungen an, so können wir uns ein sehr gutes Bild davon machen, wie
5 man damals gekleidet war, wie man tanzte und feierte, worüber man trauerte, welche Probleme zu lösen waren.

Um zu erfahren, wie es vor 200 Jahren bei uns aussah, müssen wir schon größere Anstrengungen unternehmen. Film und Fotografie waren Ende des 18. Jahrhunderts noch nicht erfunden. Aber es wurden Bilder gemalt. Kupferstiche zeigen uns, wie da-
10 mals gebaut wurde, und manche Häuser aus dieser Zeit stehen noch in den Straßen zwischen den Bauten späterer Jahrhunderte. Kleider, noch gut erhalten, sind im Museum anzuschauen, ebenfalls die Gegenstände des täglichen Gebrauchs. Tagebücher, Briefe, Urkunden geben zahllose Hinweise, wie wir uns das Leben um 1780 vorzustellen haben.

15 Aber gehen wir einmal nicht 20, nicht 200, sondern fast 2000, genau gesagt 1800 Jahre zurück. Von damals ist wenig übrig geblieben: Trümmer, halb verfallene Bauten, Scherben, Münzen, Schmuck, Knochen – das alles oft metertief im Erdreich verborgen. Die Männer und Frauen, die Scherben und Reste, Abfälle und Münzen, Schmuck und Waffen früherer Jahrhunderte ausgraben, die diese Gegenstände so getreu wie
20 möglich wiederherstellen lassen und die dann Alter und Bedeutung dieser Gegenstände bestimmen, nennen sich Archäologen.

Ihre Wissenschaft ist die Archäologie. Dieses griechische Wort bedeutet so viel wie „die Kunde von den Anfängen, von den frühen Dingen". Mit Hacke und Spaten graben die Archäologen dort, wo sie mit Funden rechnen. Vermutet man wichtigere,
25 eventuell leicht zerstörbare Reste in der Erde, wird mit feineren Werkzeugen – etwa mit einem Spachtel – vorsichtig die Erde abgetragen. Reste von Knochen und Tonwaren werden zunächst mit der Hand oder mit der Bürste gesäubert und in Kisten gesammelt.

Jeder Fund wird notiert und in einen Plastikbeutel mit genauer Beschreibung der
30 Fundlage verpackt. Im Museumslabor werden dann alle Stücke grob sortiert, gleiche Materialien oder Stücke mit ähnlichen Merkmalen einander zugeordnet. Dabei hilft eine Skizze, auf der der genaue Fundort der Einzelteile vermerkt ist.

Jeder Fund wird ernst genommen, auch der unscheinbarste, denn die Archäologen von heute suchen nicht mehr nach sagenhaften Tempeln und Kunstschätzen wie ihre
35 Kollegen vergangener Jahrhunderte. Sie wissen, dass sich aus einer Abfallgrube mehr Informationen über den Alltag der damaligen Bewohner ermitteln lässt als aus dem kostbaren Armreif einer Prinzessin.

Archäologen

Blatt 2

Name: _____ Klasse: _____ Datum: _____

Ähnlich einer heutigen Mülltonne enthalten Abfallgruben alles, was von den Menschen vergangener Zeit als unbrauchbar weggeworfen worden war. In diesen Resten
40 kann der Archäologe lesen wie in einem Buch: Topfscherben geben Auskunft über Form, Verzierung und Alter der Gefäße, Bruchstücke von Stein- oder Metallgeräten zeigen, welche Werkzeuge und Waffen verwendet wurden und welche Formen sie hatten, vielleicht auch, ob sie Erzeugnisse eines mehr kriegerischen Volkes oder einer eher friedlichen Bevölkerung von Bauern und Hirten waren. Tierknochen in den Ab-
45 fallgruben lehren, welche Haustiere man hielt und welche Tiere als Jagdbeute in die Siedlungen gelangten – wie man sich ernährte. Verkohlte Getreidekörner verraten schließlich, welche Getreidesorten in der Vorzeit angebaut wurden.

Beispielfrage:

0. Wer hat den Text verfasst?
   Der Text wurde verfasst von
   a) ☐ einem Archäologen.
   a) ☐ einem Einwohner aus Griechenland.
   a) ☒ Alice Ammermann und Tilman Röhrig.
   a) ☐ einem Journalisten.

Archäologen		Blatt 3
Name:	Klasse:	Datum:

Aufgabe 1

Lies den Text (Blatt 1 und 2) und löse folgende Aufgaben.

1. Um welchen Text handelt es sich?
   a) ☐ Der Text beschreibt den Kinderalltag.
   b) ☐ Im Text wird eine Geschichte aus der Antike erzählt.
   c) ☐ Im Text wird über ein Erdbeben berichtet.
   d) ☐ Der Text informiert über die Arbeit von Archäologen.

2. Die Archäologen, die im Text genannt werden, sind Männer und Frauen, die …
   a) ☐ vor 1800 Jahren gelebt haben.
   b) ☐ nach Spuren des Lebens vor 1800 Jahren suchen.
   c) ☐ im Bergbau arbeiten.
   d) ☐ die ein Handwerk gelernt haben.

3. Die Arbeit der Archäologen besteht aus drei Schritten.
   Nummeriere die Schritte in der richtigen Reihenfolge.
   ☐ Die Archäologen stellen die Gegenstände wieder her.
   ☐ Die Archäologen graben Gegenstände aus.
   ☐ Die Archäologen bestimmen die Gegenstände.

4. Was interessiert die Archäologen in diesem Text am meisten?
   a) ☐ Die Archäologen interessieren sich am meisten für sagenhafte Tempel.
   b) ☐ Die Archäologen interessieren sich am meisten für Kunstschätze.
   c) ☐ Die Archäologen interessieren sich am meisten für kostbaren Schmuck.
   d) ☐ Die Archäologen interessieren sich am meisten für den Alltag der Menschen.

5. Was suchen die Archäologen bei ihren Ausgrabungen?
   a) ☐ Archäologen suchen bei ihren Ausgrabungen Stücke von zerbrochenen Gefäßen.
   b) ☐ Archäologen suchen bei ihren Ausgrabungen alte Fotografien.
   c) ☐ Archäologen suchen bei ihren Ausgrabungen vergilbte Zeitungsreste.
   d) ☐ Archäologen suchen bei ihren Ausgrabungen Goldbarren.

Archäologen		Blatt 4
Name:	Klasse:	Datum:

6. Warum ist es für Archäologen schwer, Informationen über das Leben vor 1800 Jahren zu bekommen?
   a) ☐ Aus dieser Zeit ist nicht mehr viel erhalten.
   b) ☐ Die Fotos aus dieser Zeit sind verloren gegangen.
   c) ☐ Es ist überhaupt nichts mehr aus dieser Zeit erhalten.
   d) ☐ Es fehlen die Schatzkarten.

7. Wo graben Archäologen nach Funden aus alter Zeit?
   a) ☐ Archäologen graben dort, wo die Erde nicht so hart ist.
   b) ☐ Archäologen graben vor allem in der Nähe des Museums.
   c) ☐ Archäologen graben dort, wo heute Mülldeponien sind.
   d) ☐ Archäologen graben dort, wo es Anzeichen für Funde gibt.

8. Was ist das Ziel der Arbeit von Archäologen?
   a) ☐ Archäologen wollen ihre Funde für viel Geld verkaufen.
   b) ☐ Archäologen machen Ausgrabungen, um dort Fundamente eines Museums zu gießen.
   c) ☐ Archäologen machen Ausgrabungen, um sich ein Bild vom Leben in alter Zeit zu machen.
   d) ☐ Archäologen machen Ausgrabungen, um kostbare Gegenstände für sich zu behalten.

*Um folgende Aufgaben zu lösen, musst du bestimmte Stellen im Text **genau** nachlesen.*

9. Wie gewinnt man Erkenntnisse über das Leben von 1780?
   a) ☐ Man macht Ausgrabungen.
   b) ☐ Man befragt ältere Menschen.
   c) ☐ Man analysiert Filme und Fotos aus dieser Zeit.
   d) ☐ Man untersucht Texte und schriftliche Dokumente aus dieser Zeit.

10. Warum dauert es lange, bis die archäologischen Funde im Museum zu sehen sind?
    a) ☐ Die Archäologen arbeiten zu langsam.
    b) ☐ Die Archäologen müssen sehr exakt arbeiten.
    c) ☐ Die Archäologen arbeiten nur vormittags.
    d) ☐ Die Archäologen können kein Griechisch.

Archäologen		Blatt 5
Name:	Klasse:	Datum:

11. Warum sind die Abfallgruben für Archäologen so interessant?
    a) ☐ Die Gegenstände in Abfallgruben sind völlig unbeschädigt.
    b) ☐ Die Abfallgruben sind nicht mit Erde bedeckt.
    c) ☐ Sie finden dort nur wertvolle Kunstgegenstände.
    d) ☐ Sie finden dort Dinge, die verraten, wie die Leute damals gelebt haben.

12. Woran erkennen die Archäologen, ob die Menschen früher Krieger waren?
    a) ☐ Sie erkennen dies an Stein- und Metallresten von Geräten.
    b) ☐ Sie schlagen dies im Lexikon nach.
    c) ☐ Sie erkennen das an den Tierknochen.
    d) ☐ Sie erkennen dies am verkohlten Holz.

13. Woran erkennen die Archäologen, welche Haustiere die Menschen früher hielten?
    a) ☐ Sie erkennen dies an den Mauerresten.
    b) ☐ Sie erkennen dies an Getreidekörnern.
    c) ☐ Sie sehen dies auf alten Fotos.
    d) ☐ Sie erkennen dies an Teilen von Knochenresten.

14. Was wird im Museumslabor gemacht?
    a) ☐ Im Museumslabor wird das Blut der Archäologen untersucht.
    b) ☐ Im Museumslabor werden Fotos aus alter Zeit entwickelt.
    c) ☐ Im Museumslabor werden Funde aus alter Zeit analysiert.
    d) ☐ Im Museumslabor werden alte Knochen ausgegraben.

15. Das Wort **Fundlage** bedeutet …   (Zeile 30)
    a) ☐ die Stelle, an dem ein Gegenstand gefunden wurde.
    b) ☐ die Stelle im Museum, an der die Fundstücke aufbewahrt werden.
    c) ☐ die Körperhaltung, in der ein Archäologe einen Gegenstand findet.
    d) ☐ das Gewicht des Gegenstandes, den Archäologen gefunden haben.

16. Ein **unscheinbarer Fund** ist …   (Zeile 33)
    a) ☐ ein Fund, der die Archäologen nicht interessiert.
    b) ☐ ein Fund, der sofort großes Aufsehen erregt.
    c) ☐ ein Fund, der zunächst nach nicht viel aussieht.
    d) ☐ ein Fund, der nicht durchsichtig ist.

Archäologen		Blatt 6
Name:	Klasse:	Datum:

17. **Zahllose Hinweise** bedeutet: (Zeile 13)
   a) ☐ Die Hinweise sind zahlreich.
   b) ☐ Die Hinweise sind nicht nummeriert.
   c) ☐ Die Hinweise sind spärlich.
   d) ☐ Es gibt keine Hinweise.

18. … sind im **Erdreich verborgen** bedeutet: (Zeilen 17–18)
   a) ☐ Die Gegenstände liegen nicht sichtbar unter der Erde.
   b) ☐ Die Gegenstände sind unter die Erde versteckt worden.
   c) ☐ Die Gegenstände sind ausgeliehen.
   d) ☐ Die Gegenstände liegen sichtbar auf der Erde.

19. **Wo sie mit Funden rechnen** bedeutet: (Zeile 24)
   a) ☐ Wo sie die Funde zusammenzählen.
   b) ☐ Wo sie die Funde abwiegen.
   c) ☐ Wo sie annehmen, dass Funde sind.
   d) ☐ Wo sie den Wert der Funde berechnen.

20. **In den Resten kann der Archäologe lesen wie in einem Buch** bedeutet:
    (Zeile 39–40)
   a) ☐ Der Archäologe liest in einem Buch.
   b) ☐ In den Resten findet der Archäologe ein Buch.
   c) ☐ Die Reste geben dem Archäologen sehr viele Informationen.
   d) ☐ Aufgrund seiner Untersuchung der Reste schreibt der Archäologe ein Buch.

21. Welche Überschrift fasst den Text am besten zusammen?
   a) ☐ Das Leben im 18. Jahrhundert
   b) ☐ Der Vergangenheit auf der Spur
   c) ☐ Von sagenhaften Tempeln
   d) ☐ Müll, Müll und nochmals Müll

Archäologen — Blatt 7

Name: _____ Klasse: _____ Datum: _____

Aufgabe 2

Im folgenden Text wird erklärt, warum die Archäologen diese Gegenstände benutzen:

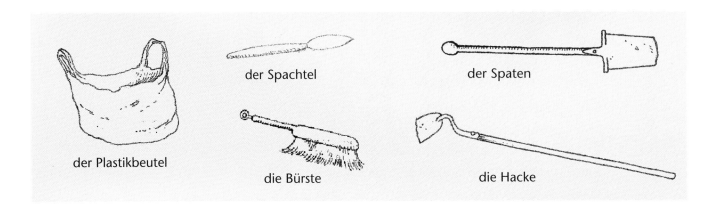

Ergänze die Sätze. Suche passende Wörter aus dem Kasten.

Wenn die Archäologen Ausgrabungen machen, benutzen sie zunächst eine Hacke, _____(1) die Erde _____(1) bearbeiten. _____(2) dem Spaten können sie die Erde umgraben. Die Archäologen arbeiten dann mit einem Spachtel, _____(3) sie feinere Werkzeuge brauchen und vorsichtiger vorgehen müssen. _____(4) Reinigung der Funde gebrauchen sie eine Bürste. _____(5) die Funde geschützt transportiert werden können, verpacken die Archäologen die Gegenstände in Plastikbeutel. _____(6) Archivieren wird jeder Fund mit einer Nummer versehen. Die archäologischen Funde werden im Museum ausgestellt, _____(7) sie von allen Leuten bewundert werden können.

| Mit | um … zu | Damit | obwohl | wenn | ohne … dass |
| damit | dass | Zum | wegen | ohne … zu | Zur |

Archäologen — Blatt 8

Name: _____ Klasse: _____ Datum: _____

Aufgabe 3

Setze ins Präteritum (Imperfekt).

Auf dem Lande

Das von den Römern eroberte Land (gehören) __gehörte__ zunächst einmal dem Kaiser. Dieser (verpachten) _____(1)_____ es in Teilstücken an ehemalige Soldaten oder auch an Einheimische, die sich dann dort mit ihren Familien (niederlassen) _____(2)_____. Die meisten Gutshöfe im Land (liegen) _____(3)_____ an trockenen Hängen, in deren Nähe Wasserstellen waren. Sie (bestehen) _____(4)_____ aus einem Herrenhaus, das zwei bis drei Stockwerke hoch sein (können) _____(5)_____. Einzelne Räume waren heizbar und mit Fußbodenmosaiken ausgeschmückt.

Selbstverständliches Zubehör (sein) _____(6)_____ ein Privatbad, in dem sie sich nach getaner Arbeit waschen und erholen (können) _____(7)_____. Zum Gutsbetrieb (gehören) _____(8)_____ auch Nutzbauten wie Scheunen, Getreidespeicher, Ställe und Werkstätten, in denen landwirtschaftliche Geräte und Produkte sowie das Vieh untergebracht waren. Das Ganze war von einer Mauer von cirka zwei Meter Höhe umgeben, die sie vor wilden Tieren und Räubern schützen (sollen) _____(9)_____.

Die Römer (haben) _____(10)_____ große Kenntnisse in der Landwirtschaft. Sie (benutzen) _____(11)_____ Geräte wie Hacken, Spaten, Sicheln und Pflugscharen aus Eisen. Sie (düngen) _____(12)_____ den Boden mit Kalk, Asche und Viehdung. Neben neuen Obst- und Gemüsesorten (bringen) _____(13)_____ sie auch den Weinbau mit in unsere Gegenden. Auf den Wein, den sie sogar bis England (transportieren) _____(14)_____, (wollen) _____(15)_____ die Römer nicht verzichten.

Archäologen		Blatt 9
Name:	Klasse:	Datum:

Römische Siedlungen, aus denen dann Städte (entstehen) _____16_____, (bilden) _____17_____ sich im Schutz der Kastelle, an Straßenkreuzungen und an anderen verkehrsgünstigen Lagen oder auch in der Gegend von Heilquellen. In diesen römischen Städten (geben) _____18_____ es nicht nur gepflasterte Straßen, Häuser mit Kanalisation und Wasserversorgung, sondern auch ein reges gesellschaftliches Leben: Marktplätze, auf denen Handel getrieben wurde; Tempel, in denen die Götter verehrt wurden; Theater und Zirkusanlagen, die der Unterhaltung (dienen) _____19_____. Dort (treffen) _____20_____ man Bekannte, mit denen man den neuesten Klatsch (austauschen) _____21_____ oder auch Geschäfte (abschließen) _____22_____.

Archäologen

Blatt 10

Name: _____ Klasse: _____ Datum: _____

Aufgabe 4

Setze die fehlenden Wörter ein. Achte auf die Groß- und Kleinschreibung.

Sensationeller Fund ___in___ China

Chinesische Wissenschaftler haben _____ Ufer
des Gelben Flusses _____ Zentralchina uralte
                        2
Flöten _____ Kranichknochen entdeckt.
          3
_____ 9000 Jahren haben die Menschen
   4
_____ diesen Flöten gespielt.
   5

Die etwa 20 cm langen Instrumente
_____ der Jungsteinzeit sind so
   6
gut erhalten, dass die Wissenschaftler
einigen _____ ihnen sogar Töne
             7
entlockten. _____ der zweiten Flöte
                 8
von links spielten die Forscher sogar eine
alte Volksweise. _____ der Melodie
                      9
handelt es sich _____ das Lied
                     10
„Xiao Bai Cai" („Der kleine Chinakohl").

Jeder, der sich _____ diese
                     11
Melodie interessiert, kann sich
_____ das Wissenschaftsmagazin
   12
„nature" wenden:

http://www.nature.com

Archäologen

Blatt 11

Name: _____ Klasse: _____ Datum: _____

Aufgabe 5

Die Schüler einer sechsten Klasse besuchten Archäologen bei ihrer Arbeit und stellten ihnen ein paar Fragen. Auf der nächsten Seite findet ihr die Fragen, die die Kinder vorbereitet haben. *Lest sie einmal durch. Dafür habt ihr drei Minuten Zeit.*

Hier seht ihr ein paar Funde aus der gallo-römischen Zeit
(1.–4. Jahrhundert nach Christus).

Archäologen — Blatt 12

Name: _____ Klasse: _____ Datum: _____

Fragen an den Archäologen

Welche Ausgrabungen machen Sie denn hier in Nospelt?

Finden noch weitere Ausgrabungen in Luxemburg statt?

Gibt es eigentlich Probleme bei solchen Ausgrabungen?

Haben Sie bei Ihren Ausgrabungen schon etwas gefunden?

Was können Sie an den Funden erkennen?

Haben Sie auch etwas über das Leben der Kinder zur Römerzeit herausgefunden?

Woher haben Sie die Informationen über die Kinder aus der Römerzeit?

Was können Sie uns über die Schule von damals erzählen?

Hört nun das Interview und beantwortet die Fragen 1–13 auf den Blättern 13–15.

Archäologen — Blatt 13

Name: _____ Klasse: _____ Datum: _____

Welche Ausgrabungen machen Sie denn hier in Nospelt?

1. Was graben die Archäologen in Nospelt aus?
   Sie graben
   a) ☐ einen Tempel aus.
   b) ☐ einen Bauernhof aus.
   c) ☐ eine Villa aus.
   d) ☐ eine Badeanlage aus.

Finden noch weitere Ausgrabungen in Luxemburg statt?

2. Gibt es noch weitere Ausgrabungen in Luxemburg?
   a) ☐ Es gibt keine weiteren Ausgrabungen in Luxemburg.
   b) ☐ In Luxemburg finden ganz selten Ausgrabungen statt.
   c) ☐ Zur Zeit wird an einem anderen Ort noch ein Tempel ausgegraben.
   d) ☐ Nein, in Luxemburg gibt es keine Funde aus der Römerzeit.

Gibt es eigentlich Probleme bei solchen Ausgrabungen?

3. Der Archäologe nennt zwei Hauptprobleme:
   zum einen:
   a) ☐ Sie haben nicht genug Zeit.
   b) ☐ Sie haben nicht die richtigen Geräte.
   c) ☐ Sie haben nicht genug Bauarbeiter.
   d) ☐ Sie finden die Fundstellen nicht.

4. zum anderen:
   a) ☐ das hohe Gehalt der Archäologen.
   b) ☐ die Urlaubszeit.
   c) ☐ die Betonfundamente.
   d) ☐ das Wetter.

Haben Sie bei Ihren Ausgrabungen schon etwas gefunden?

5. Die Archäologen haben
   a) ☐ wertvolle Schmuckstücke gefunden.
   b) ☐ vor allem Gegenstände aus Leder, Stoff und Holz gefunden
   c) ☐ alltägliche Gegenstände aus dem Haushalt gefunden.
   d) ☐ große Schatztruhen gefunden.

Archäologen — Blatt 14

Name: _____ Klasse: _____ Datum: _____

Was können Sie an den Funden erkennen?

6. An den Kratzern von Tellern und Schüsseln erkennt der Archäologe,
   a) ☐ wie man die Teller und Schüsseln wieder zusammensetzen kann.
   b) ☐ wer die Teller und Schüsseln hergestellt hat.
   c) ☐ wem die Teller und Schüsseln gehörten.
   d) ☐ wie die Leute gegessen haben.

7. Auf manchen Gefäßen steht etwas geschrieben. Die Archäologen können daran erkennen,
   a) ☐ was in den Gefäßen enthalten war.
   b) ☐ wer die Gefäße hergestellt hat.
   c) ☐ wem das Gefäß gehörte.
   d) ☐ wann das Gefäß getöpfert wurde.

8. An den Mauern und Fundamenten erkennen die Archäologen,
   a) ☐ wie die Häuser damals aussahen.
   b) ☐ wie der Besitzer hieß.
   c) ☐ wie viele Personen das Haus bauten.
   d) ☐ wie viele Personen in dem Haus wohnten.

Haben Sie auch etwas über das Leben der Kinder zur Römerzeit herausgefunden?

9. Das Hauptergebnis der Archäologen lautet:
   a) ☐ Die Kinder haben damals fast so gelebt wie die Erwachsenen.
   b) ☐ Die Kinder haben damals ganz anders gelebt als die Erwachsenen.
   c) ☐ Über das Leben von Kindern haben die Archäologen gar nichts herausgefunden.
   d) ☐ Die Kinder hatten viel mehr Zeit zum Spielen als heute.

Woher haben Sie die Informationen über die Kinder aus der Römerzeit?

10. Um Informationen über die Kinder aus der Römerzeit zu erhalten, haben die Archäologen
    a) ☐ vor allem Spielzeug untersucht.
    b) ☐ in Stein gehauene Bilder untersucht.
    c) ☐ Kinderzimmer untersucht.
    d) ☐ Kindergärten untersucht.

Archäologen		Blatt 15
Name:	Klasse:	Datum:

Was können Sie uns über die Schule von damals erzählen?

11. Welche Kinder gingen damals zur Schule?
    a) ☐ Jedes Kind musste damals zur Schule gehen.
    b) ☐ Nur die reichen Kinder in den Städten gingen zur Schule.
    c) ☐ Nur die Kinder der Handwerker und Bauern gingen zur Schule.
    d) ☐ Nur die Kinder der Sklaven gingen zur Schule.

12. Was lernten die Kinder damals in der Schule?
    Sie lernten
    a) ☐ Fremdsprachen.
    b) ☐ Musik und Zeichnen.
    c) ☐ ein Handwerk.
    d) ☐ Lesen, Schreiben und Rechnen.

13. Wie lernten die Kinder in einer römischen Schule?
    a) ☐ Die Kinder arbeiteten mit einfachen Mitteln.
    b) ☐ Die Kinder hatten viele Bücher zur Verfügung.
    c) ☐ Das Klassenzimmer war schön eingerichtet.
    d) ☐ Die Kinder hatten viele verschiedene Schreibgeräte.

Archäologen

Blatt 16

Name: _____ Klasse: _____ Datum: _____

Aufgabe 6

Schreibe eine Fantasiegeschichte.

Die geheimnisvolle Kiste

Du hast zusammen mit deinen Freunden diese geheimnisvolle Kiste gefunden.
Was ist mit dieser Kiste los?

Archäologen

Blatt 17

Name: _____ Klasse: _____ Datum: _____

Die geheimnisvolle Kiste

3.4 Konflikte

(1) Thema und Textauswahl

Basistext der vorliegenden Prüfung ist ein literarischer Text von Hanna Hanisch, die Geschichte „Die Sache mit dem Parka". Dieser Text aus der Kinder- und Jugendliteratur ist dem Thema „Konflikte und Konfliktlösungen" zuzuordnen und entstammt der alltäglichen Erfahrungswelt der Schüler. Im Text wird ein typischer Eltern-Kind-Konflikt thematisiert: Die Fürsorge der Eltern löst beim Sohn ein Protestverhalten aus. Erst als die Eltern nicht nur anordnen und befehlen, sondern ihr Verhalten gegenüber dem Sohn begründen, eröffnen sich Lösungsmöglichkeiten für den Konflikt. Durch das Gespräch zwischen Eltern und Sohn gewinnt der Sohn Verständnis für die Position und das Handeln der Eltern. Als weitere Texte aus der Kinder- und Jugendliteratur werden Auszüge aus „Tom Sawyer" von Mark Twain sowie aus „Rennschwein Rudi Rüssel" von Uwe Timm gewählt. Hinzu kommen eine Fabel („Die Gans und der Fuchs") sowie Ratgeber- und Kummerbriefe aus Jugendzeitschriften. Als Vorgabe zur Textproduktion dient eine Bildgeschichte.

(2) Abfolge der Aufgaben

Teil 1

In Teil 1 geht es um das Verstehen des literarischen Textes „Die Sache mit dem Parka". Das Verstehen dieses Textes besteht gewissermaßen in einer Konfliktanalyse. Die Schüler müssen (a) die Ursache des Konflikts erkennen, (b) die unterschiedlichen Positionen beschreiben, (c) die Argumente der verschiedenen Parteien herausarbeiten sowie (d) die konfliktlösende Funktion des Gesprächs erkennen.
In Aufgabe 1 müssen die Schüler die Handlungsbeteiligten und die Konfliktursache bestimmen, die unterschiedlichen Positionen der Konfliktbeteiligten herausarbeiten, ihre Motive und Argumente sowie die Lösung des Konflikts erkennen (Global- und Detailverstehen, Zwischen-den-Zeilen-Lesen).
In den Aufgaben 2 und 3 müssen die wichtigsten Stellen der Argumentationsstrukturen des Textes im Detail bearbeitet und verstanden werden (Detailverstehen): In den Fragen 14–29 geht es um Wortschatzarbeit: Die Schüler sollen zunächst die Bedeutung wichtiger Wörter und Sätze aus dem Text heraus erklären (Fragen 14–21). Durch diese textbezogene Wortschatzarbeit kann der Konflikt genauer analysiert werden. Anschließend müssen die Schüler die Bedeutung zentraler Textpassagen durch treffende Wörter (Adjektive) bestimmen (Fragen 22–29). Auch diese Aufgaben lassen sich nur lösen, wenn die Schüler die jeweilige Bedeutung aus dem Text herausarbeiten (Detailverstehen).
In Aufgabe 4 müssen die Schüler vor allem „zwischen den Zeilen lesen", die unterschiedlichen Positionen der Konfliktparteien (Eltern und Sohn) detaillierter bestimmen und ausgewählte Textpassagen (Zitate der am Konflikt beteiligten Personen) durch entsprechende Redeeinleitungen näher erläutern. Dazu müssen sie „zwischen den Zeilen lesen", da diese Redeeinleitungen im Text nicht enthalten sind und herausinterpretiert werden müssen. Bei Aufgabe 5 handelt es sich um eine textgrammatische Aufgabe. Die Schüler sollen die Stellvertreterfunktion wichtiger Personalpronomen aus dem Text heraus bestimmen.

Teil 2

Die Aufgaben zu Teil 2 sind auf die Textüberarbeitung bezogen. Zunächst geht es in Aufgabe 6 um das Erkennen und Verstehen von Textverknüpfungen. Diese Stellvertreterfunktion von Personalpronomen ist besonders für Fabeln typisch. Deshalb sollen in dieser Aufgabe die entsprechenden Personalpronomen in einen „Fabel-Text" eingesetzt werden. Auch in dieser Aufgabe ist die Grammatikarbeit dem Verstehen untergeordnet, denn um die richtigen Formen zu nennen, müssen die Schüler die Rolle der verschiedenen Figuren in der Fabel erkannt haben.

In der anschließenden Aufgabe 7 sollen die Schüler einen Text überarbeiten, indem sie Adjektive in der korrekten Form einsetzen. Dabei ist hervorzuheben, dass nicht alle Deklinationsendungen thematisiert werden, sondern nur die Nominativ- und Akkusativformen. Bei dem Textauszug handelt es sich um eine Streitszene aus „Tom Sawyer" von Mark Twain. In der „adjektivlosen" Form ist die Szene unmotiviert, erst durch das Einarbeiten der entsprechenden Adjektive wird verständlich, warum die beiden Jungen in Streit geraten: Das Äußere des anderen ist fremd und irritierend.

Die Textüberarbeitung steht auch im Mittelpunkt von Aufgabe 8. Thema ist wiederum ein Eltern-Kind-Konflikt, der in Form eines Kummerbriefs präsentiert wird. Die Schüler sollen den entsprechenden Ratgeberbrief überarbeiten, indem sie sprachliche Mittel für Vermutungen, Begründungen und Zwecke (Konjunktionen, Präpositionen, Adverbien) auswählen und zweckentsprechend einsetzen.

Teil 3

In Teil 3 geht es um das Schreiben von Texten. Dabei werden von den Kindern eine ganze Reihe von Fertigkeiten verlangt (vgl. Anforderungsprofil). Es spielen zudem aber auch formale Fertigkeiten wie die Beherrschung der Orthografie und Interpunktion eine Rolle. Aus diesem Grunde wird die Orthografie in die vorliegende Prüfung einbezogen – allerdings nicht als konstruiertes, isoliert stehendes Diktat zu bestimmten Rechtschreibschwierigkeiten. Bei dem Lückendiktat (Aufgabe 9) handelt es sich vielmehr um einen authentischen Text aus der Kinder- und Jugendliteratur, in dem eine „Eltern-Kind-Konflikt"-Geschichte unterhaltsam und spannend erzählt wird. Das Diktat (Hörtext S. 94 f.) steht nicht isoliert und kontextfrei, sondern ist in den Lern- und Schreibprozess eingebunden. Es dient vor allem der Vorbereitung der abschließenden Textproduktion (Aufgabe 10), die es in Bezug auf Thema, Gliederung und Wortschatz vorentlasten kann. Bei den einzusetzenden Wörtern handelt es sich um Wörter, die (a) die Schülerinnen und Schüler beim Schreiben ihres Aufsatzes verwenden können, (b) die für argumentative Textformulierungen typisch sind (z. B. *nämlich, trotzdem, Grund, entgegen, widersprechen, nachgeben*), (c) mit denen Gefühle ausgedrückt werden und (d) die in argumentativen Texten zur Beschreibung von Einstellungen und Reaktionen verwendet werden (z. B. *froh, verärgert, entsetzt, traurig*).

Aufgabe 10 ist eine Schreibaufgabe, in der die Schüler einen Text zum Thema „Eltern-Kind-Konflikt" verfassen sollen. Als Vorlage dient eine Bildergeschichte, die das Thema der „Diktat-Geschichte" (Aufgabe 9) variiert. Die Bilder liefern den Kindern eine starke thematische Vorgabe und zeigen nicht nur die Ursache des Konflikts (Haustierproblematik), sondern auch eine Reihe von Argumenten aus Elternsicht, die die Kinder in ihrer Argumentation verarbeiten müssen.

Zur Beurteilung dieser nicht standardisierten Aufgabe kann folgendes Anforderungsprofil herangezogen werden:

- Anforderungen, die der Text in Bezug auf die Argumentation und die Gliederung erfüllen sollte:

  – Ursache für den Konflikt wurde erkannt (Einleitung);
  – Standpunkte der Personen sind beschrieben (Hauptteil);
  – Argumente sind gegenübergestellt (Hauptteil);
  – Lösungsvorschlag, Kompromiss sind gefunden (Schlussteil);

- Anforderungen, die der Text in Bezug auf die Verständlichkeit erfüllen sollte:

  – keine Gedankensprünge;
  – logische Argumentation: Argumente – Gegenargumente;
  – sinnvolle Textverknüpfung;

- Anforderungen, die der Text in Bezug auf die Grammatik erfüllen sollte:

  – korrekte Wortstellung und richtiger Satzbau, vollständige Sätze;
  – korrekter Kasusgebrauch und richtige Endungen;
  – korrekte Wiedergabe der direkten Rede;

- Anforderungen, die der Text in Bezug auf Wortschatz und Stil erfüllen sollte:
  - passender Ausdruck (Redeeinleitungen: *sie widersprach, er entgegnete, …*);
  - treffende Wortkombinationen (*in Urlaub fahren, Hund füttern, …*);
  - treffende Wörter für Einstellungen und Gefühle (*zornig, versöhnlich, erregt, …*);
- Anforderungen, die der Text in Bezug auf die Orthografie erfüllen sollte:
  - korrekte Interpunktion (bei direkter Rede);
  - keine orthografischen Fehler beim themenbezogenen Wortschatz.

(3) Kompetenzen und Kompetenzbereiche

In der vorliegenden Prüfung geht es um das Verstehen und Überarbeiten unterschiedlicher Textsorten. Dabei steht das Leseverstehen im Vordergrund. Im Einzelnen sind folgende Kompetenzbereiche angesprochen:

- Globalverstehen des Textes – durchgeführt an einem literarischen Text
  - Handlungsbeteiligte, Konflikt und Konfliktursache erkennen (Aufgabe 1, Fragen 1–4);
  - Gründe für Verhaltensweisen der Personen bestimmen, Personen charakterisieren, Argumentationen nachzeichnen (Aufgabe 1, Fragen 5–13);
- Detailverstehen wichtiger Textpassagen
  - Verstehen wichtiger Wörter und Sätze, die bei der Analyse des Konflikts von zentraler Bedeutung sind (rezeptive Wortschatzarbeit) (Aufgabe 2, Fragen 14–21);
  - Auswahl treffender Adjektive, durch die die Entwicklung der Personen charakterisiert wird (produktive Wortschatzarbeit) (Aufgabe 3, Fragen 22–29);
  - Auswahl treffender Verben (Redeeinleitungen), durch die das Verhalten der Personen verdeutlicht wird (produktive Wortschatzarbeit) (Aufgabe 4);
  - Erkennen wichtiger Textverknüpfungen: Funktionen der Personalpronomen als Stellvertreter erkennen (rezeptive Grammatikarbeit) (Aufgabe 5);
- Grammatikarbeit, die auf das Schreiben und Überarbeiten von Texten bezogen ist
  - Text (Fabel) durch Stellvertreter (Pronomen) verknüpfen (Aufgabe 6);
  - Personen durch passende und korrekte Adjektive (Deklination) charakterisieren (Aufgabe 7);
  - passende Formulierungen für Vermutungen, Begründungen und Zwecke in einen Text einarbeiten (Aufgabe 8);
- Vorgabenorientiertes Schreiben – Textsorte „Bildergeschichte"
  - Thema der Geschichte (Konflikt um Haustier), Handlungsbeteiligte und deren Positionen erkennen („Wer streitet mit wem, worüber?");
  - Text formal gliedern und sinnvoll strukturieren:
    Einführung (Konfliktkonstellation),
    Hauptteil (Argumentationskette: Argument – Gegenargument)
    Schluss (Konfliktlösung);
  - Text verständlich und anschaulich formulieren, Zusammenhänge explizieren, Sätze und Texte sinnvoll miteinander verknüpfen;
  - passende und anschauliche Wortwahl (produktive Wortschatzarbeit);
  - grammatisch und orthografisch korrekt schreiben.

(4) Materialien zum Vorlesen

Text des Lückendiktats: „Ärger mit dem Schwein" zu Aufgabe 9 (S. 111 f.)

„Du hast Schwein. Du hast nämlich ein kleines Schwein gewonnen", sagte der Feuerwehrmann, als Zuppi ihm ihr Los zeigte. „Du bist die Gewinnerin des Hauptpreises." Dann hob der Mann das Ferkel aus einer Kiste und legte es Zuppi in die Arme. Die Leute klatschten und lachten. Zuppi schleppte glücklich das Ferkel zu unserem Tisch und setzte es Mutter auf den Schoß. Es war ein sauberes, rosiges Tier mit einer dicken Schnauze, kleinen flinken Äuglein und großen Schlappohren. Es sah wirklich niedlich aus, trotzdem machte Vater ein mürrisches Gesicht. Als ein Bauer, der an unserem Tisch saß, uns zu unserem Ferkel gratulierte, reagierte er entsetzt. Man muss wissen, dass Vater keine Haustiere mag. Tiere gehören nicht ins Haus, sagt er immer und jetzt hatte Mutter dieses Ferkel auf dem Schoß und kraulte ihm das eine Schlappohr. „Niedlich, nicht?", sagte Zuppi begeistert, „guck mal, dieser kleine Ringelschwanz." Vater nahm die Pfeife aus dem Mund. „Ganz nett", erwiderte er, „aber wenn wir gehen, dann gibst du das Tier zurück! Schweine sind immer dreckig, sie lieben den Dreck. Was meint ihr wohl, woher das kommt, wenn man sagt, das Zimmer ist ein richtiger Schweinestall. Beim nächsten Bauernhof schenken wir das Ferkel einem Bauern." „Nein, ich behalte es", widersprach Zuppi, „ich habe es gewonnen. Es gehört mir." „Wir können das Tier doch nicht mitnehmen, das musst du doch einsehen. Schweine gehören aufs Land und nicht in eine Stadtwohnung", entgegnete der Vater. „Schweine werden traurig, wenn sie nur Häuser und keine Felder und Wiesen sehen." Da begann Zuppi zu weinen. Und wenn sie weint, dann tut sie das ziemlich laut. „Ruhe", brüllte Vater, „kannst du mir einen vernünftigen Grund nennen, warum wir das Tier behalten sollten?" Zuppi schrie weiter. „Lass ihr wenigstens ein paar Tage das Ferkel", bat Mutter, „sie hat es nun mal gewonnen. Wir können es ja immer noch weggeben." „Also gut", gab Vater nach. „Drei Tage darfst du es behalten, dann muss es weg. Was sollen die Leute im Haus denken."

Leicht verändert aus: Uwe Timm: Rennschwein Rudi Rüssel. Frauenfeld: Nagel und Kimche 1989

Konflikte — Blatt 1

Name: _____   Klasse: _____   Datum: _____

Hanna Hanisch

Die Sache mit dem Parka

Er stört mich beim Radfahren, das Futter ist mir zu warm, die Kapuze ist mir lästig. Wenn er wenigstens grün wäre! Und jeden Morgen dasselbe Thema! „Zieh deinen Parka an! Er liegt
5 auf dem Küchenstuhl, vorgewärmt. Knöpf ihn richtig zu! Zieh die Kapuze über! Verstanden?"
Meistens schaffe ich es, so durchzukommen. Ich habe da meine Tricks: Ich gehe noch mal in mein Zimmer, lasse den Parka auf dem Bett liegen, lenke meine Mutter ab und verschwinde. Gestern stellt sich meine Mutter so lange neben mich, bis ich
10 den Parka endlich über die Schultern hänge. Vor der Haustür klemme ich ihn in den Gepäckträger. Plötzlich packt mich jemand am Hals: Mein Vater!
Er schüttelt mich am Kragen.
„So betrügst du uns?", schreit er mich an, und einen Moment hab ich das Gefühl, als müsste ich um mich schlagen.
15 „Lass mich los!", schreie ich zurück. „Ich komme zu spät!"
„Mir egal!", brüllt mein Vater. „Wir reden jetzt oben ein Wort zusammen."
Er zieht mich in den Hausflur und treibt mich die Treppe hoch. Meine Mutter steht oben an der Flurtür und heult.
In der Küche muss ich mich setzen. Mein Vater steht vor mir; wie ein Riese steht er
20 da. Meine Güte! Was für ein Theater wegen diesem blöden Parka!
„Du warst krank, mein Freund!", sagt mein Vater und seine Stimme ist immer noch viel zu laut.
Ja doch, weiß ich! Ist schon eine Weile her. Jetzt bin ich eben wieder gesund.
„Du hattest eine Lungenentzündung, vierzig Fieber. Wir haben eine Menge Angst
25 ausgestanden. Jeden Tag ist der Doktor gekommen. Doch wohl nicht zum Spaß, oder?"
„Dein Leben hat am seidenen Faden gehangen", schluchzt meine Mutter.
„Wir wollen deutlich mit ihm reden", sagt mein Vater. „Er versteht das sonst vielleicht nicht. Du warst am Abnippeln! Habe ich mich klar genug ausgedrückt?"
30 Mein Vater redet jetzt auch so mit Zitterstimme.
Mir wird komisch. Ich sehe die Küchenuhr wie etwas Fremdes. „Zehn vor acht?", denke ich.
„Wieso bin ich da noch zu Hause?" Überhaupt kommt mir das alles vor wie ein Film, in dem ich gar nicht mitspielen will.
35 Abnippeln hat mein Vater gesagt? Was soll das heißen?
Ich müsste jetzt eigentlich gar nicht mehr leben?
Tot sein?

Konflikte

Blatt 2

Name: _____ Klasse: _____ Datum: _____

Das gibt es doch gar nicht!
Man kann doch nicht einfach sterben.
40 Oder doch?
Ich mache mich steif und schließe die Augen. Ich stelle mir vor, tot zu sein.
„Warum habt ihr mir das nicht gesagt?", stoße ich mühsam aus meinem steifen Körper.
Mein Vater hat sich an den Küchentisch gesetzt. Endlich ist er mir vom Leibe
45 gerückt! Meine Mutter steht auf und gießt ihm noch einmal Kaffee in seine Tasse. Er schlürft in langen Zügen.
Mein Vater redet vor sich hin, als wäre ich gar nicht da. „Wenn einer gefährlich krank ist, sagt man ihm das nicht auf den Kopf zu. Was hilft ihm das? – Man setzt sich für ihn ein mit allen Kräften. Man legt sich ins Zeug, bis man selber nicht mehr
50 auf den Beinen stehen kann. Man bringt ihn durch, wie ein Wunder ist das. Und dann rennt so ein verbockter Dummkopf in die Schule ohne Mantel! Und verspielt vielleicht alles wieder. Kriegt einen Rückfall. Ich begreife das nicht."
Mein Vater lässt den Kopf hängen. Er tut mir leid.
Er hat Angst, ich erkälte mich. Kann ich ja verstehen! Also gut, dann ziehe ich den
55 Parka eben an. Es macht mir nichts aus. Hauptsache, ich habe keinen Ärger mehr.
„Du musst mir eine Entschuldigung schreiben", sage ich plötzlich. „Für die erste Stunde. Sonst kriege ich einen Eintrag."
Mein Vater zieht seinen Kugelschreiber und schreibt mir etwas auf seinen Notizblock.
60 Ich stecke den Zettel in die Hosentasche. Dann hänge ich mir den Parka um und laufe aus der Küche die Treppe hinunter, aus der Haustür auf die Straße. Mein Körper ist nicht mehr steif. Er ist leicht wie Luft. Unten schwinge ich mich aufs Fahrrad, trete bergab in die Pedale. Der Wind zischt mir um die Ohren.
Die Straße riecht nach verbrannten Briketts, nach Auspuffgas, nach nassem Laub.
65 In der Kurve schreie ich Jippijäh! Die Bremse fasst gut. Ich fühle mich großartig heute Morgen.

Beispielfrage:

0. Der Text ist
   a) ☐ ein Artikel aus einer Zeitung.
   b) ☒ eine Geschichte aus einem Lesebuch.
   c) ☐ ein Auszug aus einem Tagebuch.
   d) ☐ ein Artikel aus einem Lexikon.

Konflikte		Blatt 3
Name: _____	Klasse: _____	Datum: _____

Aufgabe 1

Lies die Geschichte und löse die folgende Aufgaben.

1. In der Geschichte kommen verschiedene Personen vor.
   Wer von ihnen erzählt die Geschichte?
   - a) ☐ Die Mutter erzählt die Geschichte.
   - b) ☐ Der Vater erzählt die Geschichte.
   - c) ☐ Der Sohn erzählt die Geschichte.
   - d) ☐ Der Doktor erzählt die Geschichte.

2. Die Geschichte trägt den Titel „Die Sache mit dem Parka".
   Der Parka ist in der Geschichte so wichtig, weil
   - a) ☐ er dem Sohn so gut gefällt.
   - b) ☐ er der Grund für den Streit zwischen Eltern und Sohn ist.
   - c) ☐ er dem Sohn so gut steht.
   - d) ☐ die Eltern so viel Geld für den Parka ausgegeben haben.

3. Der Parka in der Geschichte ist
   - a) ☐ ein warmer Mantel gegen Wind und Wetter.
   - b) ☐ ein leichter Mantel für den Sommer.
   - c) ☐ eine elegante Jacke zum Ausgehen.
   - d) ☐ eine Arbeitsjacke.

4. Warum will der Sohn den Parka nicht anziehen?
   In der Geschichte werden verschiedene Gründe genannt.
   In welchen Zeilen des Textes stehen diese Gründe?
   - a) ☐ Zeile 1 bis 3
   - b) ☐ Zeile 7 bis 9
   - c) ☐ Zeile 24 bis 26
   - d) ☐ Zeile 54 bis 55

5. Der Sohn zieht den Parka nicht an. Welchen Trick wendet er öfters an?
   - a) ☐ Er bringt ihn auf sein Zimmer.
   - b) ☐ Er legt ihn auf den Küchenstuhl.
   - c) ☐ Er hängt ihn der Mutter über die Schulter.
   - d) ☐ Er benutzt einen Zaubertrick.

6. „So betrügst du uns?" Der Vater spricht von Betrug, weil   (Zeile 13)
   - a) ☐ der Sohn die Eltern angeschrien hat.
   - b) ☐ der Sohn die Schule geschwänzt hat.
   - c) ☐ der Vater die List seines Sohnes durchschaut hat.
   - d) ☐ der Sohn seinen Eltern nichts von seiner Krankheit erzählt hat.

Konflikte		Blatt 4
Name:	Klasse:	Datum:

8. Der Vater brüllt, die Mutter heult.
   Vermute, warum die Eltern in dieser Verfassung sind.
   - a) ☐ Sie haben miteinander gestritten.
   - b) ☐ Sie machen sich Sorgen um den Sohn.
   - c) ☐ Der Sohn hat Probleme in der Schule.
   - d) ☐ Der Sohn hat den Parka verloren.

9. Der Sohn war krank. Was hat ihm gefehlt?
   - a) ☐ Er hatte einen Unfall.
   - b) ☐ Er hatte eine harmlose Krankheit.
   - c) ☐ Er hatte eine Kinderkrankheit.
   - d) ☐ Er hatte eine lebensgefährliche Krankheit.

10. Warum bestehen die Eltern in der Geschichte darauf, dass der Sohn den Parka anzieht?
    - a) ☐ Die Eltern dulden keinen Widerspruch.
    - b) ☐ Die anderen Kinder tragen auch einen Parka.
    - c) ☐ Die Eltern haben Angst, dass der Sohn wieder krank wird.
    - d) ☐ Der Sohn soll gut gekleidet zur Schule gehen.

11. „Was für ein Theater wegen diesem blöden Parka!" (Zeile 20)
    Der Sohn versteht seine Eltern nicht, weil
    - a) ☐ sie ihm den wahren Grund ihrer Sorgen verschwiegen haben.
    - b) ☐ er seinen Eltern nie richtig zugehört hat.
    - c) ☐ er Angst vor seinem Vater hat.
    - d) ☐ seine Mutter sich nicht um ihn kümmert.

12. Warum zieht der Sohn den Parka schließlich doch an?
    - a) ☐ Er will nicht zu spät zur Schule kommen.
    - b) ☐ Ihm ist kalt.
    - c) ☐ Er versteht die Sorgen seiner Eltern.
    - d) ☐ Er macht immer, was die Eltern sagen.

13. Was hätte am Anfang der Geschichte passieren müssen, damit Eltern und Sohn sich verstanden hätten?
    - a) ☐ Die Eltern hätten sich durchsetzen müssen.
    - b) ☐ Der Sohn hätte sich bessere Tricks überlegen müssen.
    - c) ☐ Der Sohn hätte auf seinem Standpunkt beharren müssen.
    - d) ☐ Die Eltern hätten dem Sohn erklären müssen, warum er den Parka anziehen sollte.

Konflikte		Blatt 5
Name:	Klasse:	Datum:

Aufgabe 2

Was bedeuten die **fett gedruckten** Wörter in der Geschichte?
Um die Aufgaben zu lösen, musst du bestimmte Stellen im Text (Blatt 1 und 2) noch einmal genau lesen.
Mithilfe der Zeilenangabe kannst du die Textstellen schnell finden.

14. „**Die Kapuze ist mir lästig.**"   (Zeile 2)
    a) ☐ Die Kapuze stört mich.
    b) ☐ Die Kapuze ist mir zu schwer.
    c) ☐ Die Kapuze steht mir.
    d) ☐ Die Kapuze ist mir zu altmodisch.

15. „**Meistens schaffe ich es, …** "   (Zeile 7)
    a) ☐ Meistens habe ich viel zu arbeiten.
    b) ☐ Meistens versuche ich es.
    c) ☐ Meistens gelingt es mir.
    d) ☐ Meistens ist es zu schwer.

16. „‚Mir egal!', brüllt mein Vater. ‚**Wir reden jetzt oben ein Wort zusammen.**'"   (Zeile 16)
    a) ☐ Wir könnten einmal ein bisschen miteinander plaudern.
    b) ☐ Wir müssen jetzt schnell hochgehen.
    c) ☐ Wir müssen uns möglichst kurz miteinander unterhalten.
    d) ☐ Wir müssen uns ernsthaft über das Problem unterhalten.

17. „**Du warst am Abnippeln!**"   (Zeile 29)
    a) ☐ Du warst am Ertrinken.
    b) ☐ Du wärst fast gestorben.
    c) ☐ Du warst krank.
    d) ☐ Du warst abgemagert bis auf die Knochen.

18. „**Man sagt ihm das nicht auf den Kopf zu.**"   (Zeile 48)
    a) ☐ Man sagt ihm das nicht direkt.
    b) ☐ Man belügt ihn.
    c) ☐ Man sagt ihm das nicht vor anderen Leuten.
    d) ☐ Man sagt ihm das nicht laut.

Konflikte		Blatt 6
Name:	Klasse:	Datum:

19. „Man legt sich ins Zeug, …"   (Zeile 49)
   a) ☐ Man ruht sich aus.
   b) ☐ Man strengt sich sehr an.
   c) ☐ Man zieht sich warm an.
   d) ☐ Man unterhält sich über verschiedene Sachen.

20. „Kriegt einen Rückfall."   (Zeile 52)
   a) ☐ Wird wieder krank.
   b) ☐ Fällt auf den Rücken.
   c) ☐ Nimmt alte Gewohnheiten wieder auf.
   d) ☐ Fällt in seine alten Fehler zurück.

21. „Also gut, dann ziehe ich den Parka eben an."   (Zeilen 54–55)
   a) ☐ Dann ziehe ich den Parka für kurze Zeit an.
   b) ☐ Na gut, ich ziehe den Parka an.
   c) ☐ Ich ziehe den Parka schnell an.
   d) ☐ Ich ziehe den Parka jetzt an.

Konflikte		Blatt 7
Name:	Klasse:	Datum:

Aufgabe 3

Welches der angegebenen Adjektive passt am besten?
Um die folgenden Aufgaben zu lösen, musst du noch einmal in den Text schauen.

22. „Plötzlich packt mich jemand am Hals: Mein Vater!"   (Zeile 11)
    In dieser Situation ist der Vater
    a) ☐ wütend.
    b) ☐ mürrisch.
    c) ☐ schadenfroh.
    d) ☐ launisch.

23. „Er zieht mich in den Hausflur und treibt mich die Treppe hoch."   (Zeile 17)
    In dieser Situation ist der Vater
    a) ☐ gelassen.
    b) ☐ aggressiv.
    c) ☐ unhöflich.
    d) ☐ gewissenlos.

24. „Mein Vater redet jetzt auch so mit Zitterstimme."   (Zeile 30)
    In dieser Situation ist der Vater
    a) ☐ schwermütig.
    b) ☐ ängstlich.
    c) ☐ innerlich bewegt.
    d) ☐ eingeschüchtert.

25. „Mein Vater lässt den Kopf hängen."   (Zeile 53)
    In dieser Situation ist der Vater
    a) ☐ niedergeschlagen.
    b) ☐ erleichtert.
    c) ☐ übermüdet.
    d) ☐ verlegen.

Konflikte		Blatt 8
Name:	Klasse:	Datum:

26. „Meine Mutter steht oben an der Flurtür und heult."   (Zeilen 17–18)
    In dieser Situation ist die Mutter
    a) ☐ verärgert.
    b) ☐ erbost.
    c) ☐ jähzornig.
    d) ☐ todunglücklich.

27. „‚Lass mich los!', schreie ich zurück."   (Zeile 15)
    In dieser Situation ist der Sohn
    a) ☐ widerspenstig.
    b) ☐ kühl.
    c) ☐ verschlossen.
    d) ☐ unbarmherzig.

28. „Ich mache mich steif und schließe die Augen."   (Zeile 41)
    In dieser Situation ist der Sohn
    a) ☐ erschrocken.
    b) ☐ erschöpft.
    c) ☐ starrsinnig.
    d) ☐ teilnahmslos.

29. „Mein Körper ist nicht mehr steif. Er ist leicht wie Luft."   (Zeilen 61–62)
    In dieser Situation ist der Sohn
    a) ☐ erfolgreich.
    b) ☐ flink.
    c) ☐ erleichtert.
    d) ☐ geschickt.

Konflikte		Blatt 9
Name:	Klasse:	Datum:

Aufgabe 4

Im Text fehlen eine Reihe von Redeeinleitungen.
Schau noch einmal in die Geschichte. Suche jeweils die passende Redeeinleitung aus.

30. „Zieh deinen Parka an!",   (Zeile 4)
    a) ☐ fragt die Mutter.
    b) ☐ fordert die Mutter.
    c) ☐ flüstert die Mutter.
    d) ☐ behauptet die Mutter.

31. „Was für ein Theater wegen diesem blöden Parka!",   (Zeile 20)
    a) ☐ denkt der Sohn.
    b) ☐ befürchtet der Sohn.
    c) ☐ erinnert sich der Sohn.
    d) ☐ jubelt der Sohn.

32. „Ja doch, weiß ich! Ist schon eine Weile her. Jetzt bin ich eben wieder gesund.",   (Zeile 23)
    a) ☐ beklagt sich der Sohn.
    b) ☐ entgegnet der Sohn.
    c) ☐ fragt der Sohn.
    d) ☐ wünscht der Sohn.

33. „Du hattest eine Lungenentzündung, vierzig Fieber",   (Zeile 24)
    a) ☐ erklärt der Vater.
    b) ☐ warnt der Vater.
    c) ☐ hofft der Vater.
    d) ☐ denkt der Vater.

34. „Habe ich mich klar genug ausgedrückt?",   (Zeile 29)
    a) ☐ meint der Vater.
    b) ☐ hofft der Vater.
    c) ☐ erzählt der Vater.
    d) ☐ fragt der Vater nach.

35. „Kriegt einen Rückfall. Ich begreife das nicht",   (Zeile 52)
    a) ☐ behauptet der Vater.
    b) ☐ spricht der Vater vor sich hin.
    c) ☐ plappert der Vater.
    d) ☐ freut sich der Vater.

Kühn/Reding: Lesekompetenz-Tests für die Klassen 5 und 6
© Auer Verlag GmbH, Donauwörth

Konflikte		Blatt 10
Name:	Klasse:	Datum:

Aufgabe 5

Suche die folgenden Zeilen im Text. Wer ist mit den Stellvertretern (Pronomen) gemeint?

36. „**Er** stört mich beim Radfahren."   (Zeile 1)
    Wer ist mit **Er** gemeint?
    - a) ☐ der Vater
    - b) ☐ der Parka
    - c) ☐ die Kapuze
    - d) ☐ der Wind

37. „Wir wollen deutlich mit **ihm** reden."   (Zeile 28)
    Wer ist mit **ihm** gemeint?
    - a) ☐ der Vater
    - b) ☐ der Doktor
    - c) ☐ der Lehrer
    - d) ☐ der Sohn

38. „Man setzt sich für **ihn** ein mit allen Kräften."   (Zeilen 48–49)
    Wer ist mit **ihn** gemeint?
    - a) ☐ der Vater
    - b) ☐ der Verletzte
    - c) ☐ der Kranke
    - d) ☐ der Dummkopf

39. „**Er** ist leicht wie Luft."   (Zeile 62)
    Wer ist mit **Er** gemeint?
    - a) ☐ der Vater
    - b) ☐ der Körper
    - c) ☐ der Sohn
    - d) ☐ der Parka

Konflikte		Blatt 11
Name:	Klasse:	Datum:

Aufgabe 6

Setze die passenden Stellvertreter (Pronomen) in die Fabel ein.

Beispiel:

Der Bär und die Ameisen

Eines Tages traf der Bär zwei Ameisen. Er fragte sie:

„Was macht ____ihr____ heute Nachmittag?"

Die Gans und der Fuchs

Eine Gans war über Nacht auf dem Eis festgefroren. Der Fuchs sah _____(1)_____ und schlich, sich die Schnauze leckend, hinüber. Dicht vor _____(2)_____ brach _____(3)_____ jedoch ein und es blieb _____(4)_____ nichts weiter übrig, als sich schwimmend über Wasser zu halten. „Weißt du was", rief _____(5)_____ schließlich der Gans zu: „Begraben wir unsere Feindschaft, vertragen wir uns."

_____(6)_____ zuckte die Schultern und entgegnete _____(7)_____: „Kommt darauf an."

„Ja, aber worauf denn?", keuchte _____(8)_____.

„Ob's taut oder friert", sagte _____(9)_____.

Konflikte — Blatt 12

Name: _____ Klasse: _____ Datum: _____

Aufgabe 7

Lies den folgenden Textausschnitt.

Ein Streit

Der Sommerabend war lang. Noch war es nicht dunkel. Plötzlich hörte Tom auf zu pfeifen. Ein Fremder stand vor ihm, kaum größer als er selbst. Es war ein Bursche.
Sonderbar. Er trug eine Mütze, eine Jacke und eine Hose. Seine Schuhe gefielen Tom überhaupt nicht. Um den Hals hatte er ein Halstuch geschlungen. Überhaupt hatte er etwas an sich, was den Naturmenschen in Tom herausforderte. Je mehr Tom ihn anstarrte, umso mehr rümpfte er die Nase über solche Geziertheit, und sein eigenes Äußeres erschien ihm immer schäbiger: sein Pullover, seine Hose, sein Hemd, seine Strümpfe.
Beide schwiegen. Wollte einer ausweichen, so wollte auch der andere ausweichen. Natürlich nach derselben Seite. So schauten sie einander lange und herausfordernd in die Augen. Endlich sagte Tom: „Soll ich dich verprügeln?"

(nach „Tom Sawyer", Mark Twain)

Warum kommt es zum Streit? Wenn du die Personen genauer beschreibst, kannst du besser verstehen, warum die beiden Jungen sich so unsympathisch sind.
Setze die passenden Adjektive in den Text ein. Achte auf die richtigen Endungen.

Ein Streit

Der Sommerabend war lang. Noch war es nicht dunkel. Plötzlich hörte Tom auf zu pfeifen. Ein Fremder stand vor ihm, ein Bursche, kaum größer als er selbst. Es war ein __*gut gekleideter*__ (gut gekleidet) Bursche – zu gut für einen Werktag. Sonderbar. Er trug eine _____ (zierlich)₁ Mütze, eine _____ (eng anliegend)₂, _____ (blau)₃ Jacke und eine _____ (neu)₄, _____ (sauber)₅ Hose. Seine _____ (elegant)₆ Schuhe gefielen Tom überhaupt nicht. Um den Hals hatte er ein _____ (riesengroß)₇, _____ (seiden)₈ Halstuch geschlungen. Überhaupt hatte er etwas an sich, was den Naturmenschen in Tom herausforderte. Je mehr Tom ihn anstarrte, umso mehr rümpfte er die Nase über solche Geziertheit, und sein eigenes Äußeres erschien ihm immer schäbiger: sein _____ (verwaschen)₉ Pullover, seine _____ (zerrissen)₁₀ Hose, sein _____ (schmutzig)₁₁ Hemd, seine _____ (löcherig)₁₂ Strümpfe. Beide schwiegen. Wollte einer ausweichen, so wollte auch der andere ausweichen. Natürlich nach derselben Seite. So schauten sie einander lange und herausfordernd in die Augen. Endlich sagte Tom: „Soll ich dich verprügeln?"

Konflikte		Blatt 13
Name:	Klasse:	Datum:

Aufgabe 8

In dieser Aufgabe sollst du einen Brief überarbeiten.

René hat Probleme mit seinen Eltern. Er sieht keinen Ausweg mehr und schickt folgenden Brief an den Kummerkasten.

Liebe Frau Dr. Müller,

ich habe ein großes Problem. Ich möchte mit meinen Freunden übers Wochenende eine Radtour machen. Meine Freunde dürfen alle mitmachen, nur meine Eltern sagen Nein.
Wir reden schon seit einer Woche nicht mehr miteinander. Soll ich ohne Erlaubnis mitfahren? Was soll ich machen?

René Schmit

Frau Dr. Müller setzt sich gleich an den Computer und schreibt schnell diesen Brief.

Dr. Caroline MÜLLER
Kummerkasten

Lieber René,

vielen Dank für deinen Brief. Ich denke, du musst wieder mit deinen Eltern ins Gespräch kommen. Es hat keinen Sinn, ohne Erlaubnis mitzufahren.
Lass den Kopf nicht hängen. Es wird schon klappen!

Viele Grüße
Caroline Müller

Konflikte		Blatt 14
Name:	Klasse:	Datum:

Beim Durchlesen stellt sie fest, dass sie sich für Renés Problem doch mehr Zeit nehmen muss. Deshalb arbeitet sie den Brief um. Der überarbeitete Brief sieht nun folgendermaßen aus. Es fehlen allerdings noch einige Wörter. Ergänze den Brief mit den Wörtern aus dem Kasten.

Du darfst jedes Wort nur einmal gebrauchen.

Dr. Caroline MÜLLER
Kummerkasten

Lieber René,

vielen Dank für deinen Brief. Ich denke, du musst wieder mit deinen Eltern ins Gespräch kommen, ____(1)____ ihr eine gemeinsame Lösung findet. Es hat keinen Sinn, ohne Erlaubnis mitzufahren. Versuche einmal, den Standpunkt deiner Eltern zu verstehen: ____(2)____ verbieten sie dir die Radtour nur, ____(3)____ sie sich Sorgen machen. Radfahren ist gefährlich, ____(4)____ man keine Radwege benutzt. Sicherlich sagen sie ____(5)____ Nein. Sie haben ____(6)____ aber auch Angst, ____(7)____ sie wissen ja nicht, was ihr auf der Tour so alles treibt. Wahrscheinlich denken sie, dass ihr raucht und Alkohol trinkt. ____(8)____ dieser Sachen sind schon viele Unfälle passiert. Du musst deinen Eltern erklären, ____(9)____ diese Sorgen unbegründet sind. Wenn du ihnen ____(10)____ noch klarmachen kannst, warum diese Radtour für dich so wichtig ist, werdet ihr sicherlich eine Lösung finden.

Viele Grüße
Caroline Müller

| möglicherweise | damit | wenn | Bestimmt | obwohl | zudem | Wegen |
| deshalb | um | weshalb | ziemlich | denn | weil | nachdem |

Konflikte — Blatt 15

Name: _____ Klasse: _____ Datum: _____

Aufgabe 9

Höre die Geschichte und trage die fehlenden Wörter in die Lücken ein.

Ärger mit dem Schwein

„Du hast Schwein. Du hast _____1_____ ein kleines Schwein gewonnen", sagte der Feuerwehrmann, als Zuppi ihm ihr Los zeigte. „Du bist die Gewinnerin des Hauptpreises." Dann hob der Mann das Ferkel aus einer Kiste und legte es Zuppi in die Arme. Die Leute klatschten und lachten. Zuppi schleppte _____2_____ das Ferkel zu unserem Tisch und setzte es Mutter auf den Schoß. Es war ein sauberes, rosiges Tier mit einer dicken Schnauze, kleinen flinken Äuglein und großen Schlappohren.

Es sah _____3_____ niedlich aus, _____4_____ machte Vater ein _____5_____ Gesicht. Als ein Bauer, der an unserem Tisch saß, uns zu unserem Ferkel gratulierte, reagierte er _____6_____. Man muss wissen, dass Vater keine Haustiere _____7_____. Tiere gehören nicht ins Haus, sagt er immer und jetzt hatte Mutter dieses Ferkel auf dem Schoß und kraulte ihm das eine Schlappohr. „Niedlich, nicht?", sagte Zuppi _____8_____, „guck mal, dieser kleine Ringelschwanz." Vater nahm die Pfeife aus dem Mund. „Ganz nett", _____9_____ er, „aber wenn wir gehen, dann gibst du das Tier zurück! Schweine sind immer dreckig, sie lieben den Dreck. Was meint ihr _____10_____, woher das kommt, wenn man sagt, das Zimmer ist ein richtiger Schweinestall. Beim nächsten Bauernhof schenken wir das Ferkel einem Bauern."

Konflikte — Blatt 16

Name: _____ Klasse: _____ Datum: _____

„Nein, ich behalte es", _____(11) Zuppi, „ich habe es gewonnen. Es gehört mir."
„Wir können das Tier doch nicht mitnehmen, das musst du doch _____(12).
Schweine gehören aufs Land und nicht in eine Stadtwohnung", _____(13) der
Vater. „Schweine werden _____(14), wenn sie nur Häuser und keine Felder und
Wiesen sehen." Da begann Zuppi zu weinen. Und wenn sie weint, dann tut sie das
_____(15) laut. „Ruhe", _____(16) Vater, „kannst du mir einen vernünf-
tigen _____(17) nennen, warum wir das Tier behalten sollten?" Zuppi schrie
weiter. „Lass ihr _____(18) ein paar Tage das Ferkel", _____(19) Mutter,
„sie hat es nun mal gewonnen. Wir können es ja immer noch weggeben." „Also gut",
_____(20) Vater _____(21). „Drei Tage darfst du es behalten, dann muss
es weg. Was sollen die Leute im Haus denken."

Konflikte		Blatt 17
Name:	Klasse:	Datum:

Aufgabe 10

Schau dir die Bilder genau an.
Schreibe eine Geschichte dazu.
Finde für deine Geschichte eine treffende Überschrift.

Schau dir das erste Bild an. Versuche herauszufinden, wo der Grund für den Streit zwischen dem Kind und den Eltern liegt. Was könnten die Personen sagen?

Wie geht es weiter? Versuche die gegensätzlichen Standpunkte der Eltern und des Kindes zu beschreiben. Welche Gründe könnten die Eltern und das Kind nennen?
Schau dir die anderen Bilder genau an, dann kannst du herausfinden, was die Personen sagen könnten.

Wie könnte die Geschichte ausgehen? Wie könnte der Streit beendet werden?

Konflikte — Blatt 18

Name: _____ Klasse: _____ Datum: _____

3.5 Parlament der Jugend

(1) Thema und Textauswahl

Gegenstand der vorliegenden standardisierten Prüfung ist der Sachtext „Parlament der Jugend" von Petra Klingbeil. Es handelt sich um einen Bericht aus einer Zeitschrift für Kinder und Jugendliche. Das Thema „Parlament der Jugend" ist adressatenbezogen ausgewählt: Die Schüler sollen einerseits Einblick in parlamentarische Entscheidungsabläufe am Beispiel eines „Kinderparlamentes" gewinnen und andererseits angeregt werden, über Aufgaben eines Kinderparlamentes nachzudenken und dabei selbst aktiv zu werden. Das zentrale Thema ist, dass auch Kinder bei gemeindepolitischen Entscheidungen mitbestimmen können, z. B. bei der Anlage von Spielplätzen oder in Fragen der Verkehrssicherheit. Die übrigen Texte dieser Prüfung stehen in einem thematischen Zusammenhang mit dem grundlegenden Text: Unfallbericht, Gespräch über die Gemeinderatssitzung, Brief an einen Radiosender über einen Programmrat der Kinder, Brief an den eigenen Bürgermeister mit eigenen Vorschlägen und Wünschen.

(2) Abfolge der Aufgaben

Teil 1

In Teil 1 geht es um das Verstehen des Zeitschriftenartikels „Parlament der Jugend". Das Verstehen dieses Medientextes umfasst Aufgaben zum Verstehen der Kerninformationen, zur Rekonstruktion von Abläufen und Vorgängen sowie die Darstellung und Bewertung von Ergebnissen.
In Aufgabe 1 (Fragen 3–8) müssen die Schüler zunächst erkennen und beschreiben, um welche Textsorte und um welches Textthema es sich handelt sowie die Kerninformationen herausarbeiten: Handlungsbeteiligte, Aufgaben, Zwecke des Gemeinderates (Globalverstehen), bei den Fragen 9–12 müssen sie „zwischen den Zeilen lesen" und die Rolle der Kinder im Gemeinderat einschätzen. In den Fragen 13 bis 21 geht es um das Verstehen wichtiger Einzelinformationen über die Erfolge des Gemeinderates (Detailverstehen).
In Aufgabe 2 (Fragen 22–30) müssen die Schüler Abläufe und Zusammenhänge erkennen und nachzeichnen. Auf den Prüfungstext bezogen bedeutet dies die Rekonstruktion einer Sitzung des Gemeinderates der Kinder in Schiltigheim: Ausgangspunkt und Beginn der Sitzung, Verhalten der Handlungsbeteiligten, Entscheidungen und Reaktionen (Global- und Detailverstehen, selektives Verstehen, Zwischen-den-Zeilen-Lesen).

Teil 2

In Aufgabe 3 und 4 geht es um die Überarbeitung von Texten. Dabei handelt es sich in beiden Aufgaben um Unfallberichte, die thematisch an den Basistext angebunden sind (Verkehrssicherheit). Zunächst müssen die Schüler einen Zeitungsbericht vervollständigen und dazu zentrale Textbausteine eines Unfallberichts (z. B. Handlungsbeteiligte, Vorgänge, Ortsangaben, Ursachen) einfügen (Aufgabe 3); bei der Textüberarbeitung spielen auch korrekte grammatische Formen (Deklination) eine Rolle (Aufgabe 4).
Aufgaben 5 und 6 dienen der Vorbereitung auf die Textproduktion (Teil 3), in der die Schüler selbstständig einen Brief an den Bürgermeister ihrer Heimatgemeinde schreiben sollen.
In Aufgabe 5 geht es um die grammatisch korrekten Perfektformen von Verben, die zur Wiedergabe von Diskussionen gebraucht werden. In Aufgabe 6 müssen die Schüler einen „ungenauen" und unvollständigen Brief überarbeiten, indem sie Sätze und Äußerungen richtig miteinander verknüpfen: Begründungen, Beispiele, Zwecke erkennen und sprachlich anschließen (Konjunktionen, Präpositionen usw.).

Teil 3

In Teil 3 (Aufgabe 7) geht es um das sach- und anlassbezogene Schreiben. Die Schüler sollen einen Brief an ihren Bürgermeister schreiben und ihre speziellen Anliegen vorbringen. Der Inhalt des Briefes knüpft thematisch an den Text „Parlament der Jugend" von Petra Klingbeil an. Die Schüler sollen nunmehr selbst aktiv werden und versuchen, ihre Anliegen so zu formulieren, dass sie ihre Ziele erreichen.

Zur Beurteilung dieser nicht standardisierten Aufgabe können folgende Kriterien herangezogen werden:

- Anforderungen, die der Text in Bezug auf die Vorgaben erfüllen sollte:
  - mehrere Vorschläge und Wünsche;
  - Begründung der Forderungen;
  - Anschaulichkeit durch klare Schilderung der Situation oder der Probleme und durch Beispiele;

- Anforderungen, die der Text in Bezug auf die Verständlichkeit erfüllen sollte:
  - keine Gedankensprünge;
  - sinnvolle Textverknüpfung;
  - logischer Aufbau und logische Gliederung;

- Anforderungen, die der Text in Bezug auf Wortschatz und Stil erfüllen sollte:
  - passender Ausdruck;
  - keine Umgangssprache;

- Anforderungen, die der Text in Bezug auf die Grammatik erfüllen sollte:
  - korrekte Wortstellung und richtiger Satzbau;
  - vollständige Sätze;
  - richtiger Artikelgebrauch;
  - korrekter Kasusgebrauch und richtige Endungen;
  - korrekter Gebrauch der Pronomen;

- Anforderungen, die der Text in Bezug auf die Orthographie erfüllen sollte:
  - korrekte Interpunktion;
  - korrekte Rechtschreibung.

(3) Kompetenzen und Kompetenzbereiche

In der vorliegenden Prüfung geht es um das Leseverstehen von Zeitungsartikeln und -berichten sowie um das anlass- und adressatenbezogene Schreiben eines Briefes.

Im Einzelnen sind folgende Kompetenzbereiche angesprochen:

- Globalverstehen eines Textes – durchgeführt am Leseverstehen (Zeitschriftenbericht)
  - Textautor, Textsorte, Textthema, Textintention bestimmen (Fragen 1–5, 22);
  - Kerninformationen herausarbeiten (Fragen 6–8);
  - Rekonstruktion von Abläufen und Vorgängen (22–30);

- Detailverstehen wichtiger Textpassagen – durchgeführt am Leseverstehen
  - „Zwischen-den-Zeilen-Lesen" (Fragen 9, 12, 25, 27);
  - rezeptive Wortschatzarbeit (Fragen 10, 11);

- Selektives Lesenverstehen – durchgeführt am Sachtext („Parlament der Jugend")
  - wichtige Einzelaussagen aus dem Text bestimmen
    (Fragen 13–21, 23, 24, 26, 28–30);

- Grammatikarbeit, die auf das Schreiben und Überarbeiten von Texten bezogen ist
  - wichtige Textbausteine (Prädikate, Subjekte, Objekte, adverbiale Bestimmungen usw.) in einen Zeitungsbericht einsetzen (Aufgabe 3);

- korrekte Deklinationsformen in einem Zeitungsbericht ergänzen (Aufgabe 4);
- Perfektformen von Verben im mündlichen Bericht korrekt gebrauchen (Aufgabe 5);
- Satzteile und Sätze sinnvoll miteinander verknüpfen (Aufgabe 6);

- **Anlassbezogenes Schreiben – Textsorte „Brief"**
    - Textsorte „Brief" kommunikativ einordnen („Wer schreibt wem, worüber, wie?");
    - Text formal gliedern und sinnvoll strukturieren;
    - Anliegen (Wünsche und Vorschläge) formulieren und ausführen;
    - Anliegen begründen;
    - Text verständlich formulieren, Zusammenhänge explizieren, Sätze und Texte sinnvoll miteinander verknüpfen;
    - passende und treffende Wörter wählen und sachbezogen formulieren (produktive Wortschatzarbeit);
    - grammatisch und orthografisch korrekt schreiben.

Parlament der Jugend

Blatt 1

Name: _____ Klasse: _____ Datum: _____

Top aktuell
Korrespondenten berichten aus aller Welt

Petra Klingbeil
Parlament der Jugend

Straßburg. Die Neun- bis Zwölfjährigen melden sich eifrig zu Wort und bearbeiten den Bürgermeister am Kopfende des langen Konferenztisches so lange, bis er sich geschlagen gibt: „Also gut, dann behandeln wir das Problem der Sauberkeit zuerst. Aber mit der Verkehrssicherheit muss sich der nächste Ausschuss auf seiner nächsten Sitzung beschäftigen." Kopfnicken der 31 Grundschüler im Sitzungssaal. Der Gemeinderat der Kinder in Schiltigheim kann zum nächsten Punkt übergehen.

Diese Nachbargemeinde von Straßburg mit 30 000 Einwohnern hat sich mit dem Gemeinderat der Kinder eine in Frankreich einmalige Einrichtung geschaffen. 1979, im Jahr des Kindes, wurde er ins Leben gerufen. Damals hatten Gemeindevertreter, Sozialarbeiter und Lehrer über ihre Kommune nachgedacht, „die zwar eine Menge für Kinder, aber kaum etwas mit ihnen tut", wie ein Grundschullehrer formulierte. Deshalb entstand der Gemeinderat der Kinder, um deren Wünsche und Kritik aufzunehmen und nach Möglichkeit zu erfüllen.

Die Kinderräte werden dazu in ihren Schulen für ein Jahr gewählt. Allerdings gibt es auch schon „alte Hasen", die seit mehreren Jahren dabei sind und sich unermüdlich für Spielplätze, Grünanlagen und sichere Fahrradwege einsetzen. „Vorher habe ich mich nicht so sehr für Politik interessiert", meint die elfjährige Nadine, seit zwei Jahren dabei, „aber jetzt fällt vieles auf, das ich dem Bürgermeister bei der nächsten Sitzung sagen will." In seinem siebenjährigen Bestehen hat der Kindergemeinderat einiges erreicht. Seit zwei Jahren sorgen Schülerlotsen für die Sicherheit auf dem Nachhauseweg. Außerdem haben die Kinder erreicht, dass Schulhöfe auch außerhalb des Unterrichts unverschlossen bleiben, damit sie dort spielen können. Verschiedene Spielplätze wurden erweitert.

Vielleicht ist unter den heutigen „Abgeordneten" der Bürgermeister von morgen.

Parlament der Jugend		**Blatt 2**
Name:	Klasse:	Datum:

Lies den Text (Blatt 1) und beantworte dann die Fragen auf den Blättern 3–7.

Beispielfragen:

1. Welchen Titel hat der Text?
    a) ☐ Der Kindergemeinderat von Schiltigheim
    b) ☐ Parlament der Kinder
    c) ☒ Parlament der Jugend
    d) ☐ Die Erfolge des Kindergemeinderates

2. Wer ist der Autor des Textes?
    a) ☐ Nadine
    b) ☐ Der Bürgermeister von Schiltigheim
    c) ☐ Petra Klinger
    d) ☒ Petra Klingbeil

Parlament der Jugend			**Blatt 3**
Name:	Klasse:	Datum:	

Aufgabe 1

3. Um welchen Text handelt es sich?
   a) ☐ Es handelt sich bei diesem Text um einen Auszug aus einem Kinderbuch.
   b) ☐ Es handelt sich bei diesem Text um einen Bericht aus einer Zeitung.
   c) ☐ Es handelt sich bei diesem Text um eine Seite aus einem Tagebuch.
   d) ☐ Es handelt sich bei diesem Text um einen Artikel aus einem Lexikon.

4. Das, was im Text steht,
   a) ☐ ist frei erfunden.
   b) ☐ hat sich tatsächlich ereignet.
   c) ☐ ist geplant.
   d) ☐ hat Petra Klingbeil geträumt.

5. Welche passende Überschrift könnte man dem Text noch geben?
   a) ☐ Kinder machen Politik
   b) ☐ Der neue Spielplatz
   c) ☐ Das Straßburger Parlament
   d) ☐ Wahl des Bürgermeisters

6. Wer gehört zum Gemeinderat der Kinder?
   a) ☐ Bürger aus Schiltigheim
   b) ☐ Grundschüler
   c) ☐ Grundschüler und Grundschullehrer
   d) ☐ Grundschüler und deren Eltern

7. Wozu dient der Gemeinderat der Kinder?
   a) ☐ Dieser Gemeinderat will die Interessen der Kinder vertreten.
   b) ☐ Dieser Gemeinderat will das Jahr des Kindes vorbereiten.
   c) ☐ Dieser Gemeinderat berät die Kinder.
   d) ☐ Dieser Gemeinderat ersetzt den Gemeinderat der Erwachsenen.

8. Was machen die Kinder in ihrer Gemeinderatssitzung?
   a) ☐ Sie treffen sich mit Sozialarbeitern und Lehrern.
   b) ☐ Sie beraten Neun- bis Zwölfjährige bei den Hausaufgaben.
   c) ☐ Sie raten, wer der neue Bürgermeister werden wird.
   d) ☐ Sie diskutieren Probleme, die Kinder betreffen.

Parlament der Jugend		**Blatt 4**
Name:	Klasse:	Datum:

9. **Die Gemeinde tut zwar eine Menge für Kinder, aber kaum etwas mit ihnen.**
   Was heißt das?
   a) ☐ Die Gemeinde macht zu wenig für Kinder.
   b) ☐ Kinder werden nicht an der Gemeindepolitik beteiligt.
   c) ☐ Die Gemeinde macht Projekte mit vielen Kindern.
   d) ☐ Eine Menge Kinder arbeitet in der Gemeinde.

10. In diesem Gemeinderat gibt es **viele „alte Hasen"**,
    das bedeutet:
    a) ☐ viele erfahrene Kinder
    b) ☐ viele Erwachsene
    c) ☐ viele neu gewählte Kinder
    d) ☐ viele Kinder, die sich für Grünanlagen interessieren.

11. **Der Gemeinderat setzt sich ein für Spielplätze, Grünanlagen und sichere Fahrradwege,**
    das bedeutet:
    a) ☐ Der Gemeinderat sitzt gerne auf Spielplätzen, Grünanlagen und Fahrradwegen.
    b) ☐ Der Gemeinderat bemüht sich um Spielplätze, Grünanlagen und Fahrradwege.
    c) ☐ Der Gemeinderat richtet Spielplätze, Grünanlagen und Fahrradwege ein.
    d) ☐ Der Gemeinderat wünscht Spielplätze, Grünanlagen und Fahrradwege.

12. **„Vielleicht ist unter den heutigen ‚Abgeordneten' der Bürgermeister von morgen."**
    Was heißt das?
    a) ☐ Morgen trifft der Bürgermeister die Abgeordneten.
    b) ☐ Ein Mitglied des Gemeinderates der Kinder könnte morgen Bürgermeister werden.
    c) ☐ Ein Mitglied des Gemeinderates der Kinder könnte in Zukunft Bürgermeister werden.
    d) ☐ Wer morgen Bürgermeister wird, bestimmen die Abgeordneten.

Parlament der Jugend		Blatt 5
Name:	Klasse:	Datum:

Welche Erfolge hat der Gemeinderat der Kinder tatsächlich erzielt?

*Entscheide bei jedem der folgenden Antwortvorschläge, ob die Antwort richtig oder falsch ist! Kreuze auf dem Antwortbogen **richtig** oder **falsch** an.*

    richtig falsch

13. ☐ ☐ Der Gemeinderat hat durchgesetzt, dass Schulhöfe außerhalb des Unterrichts verschlossen bleiben.

14. ☐ ☐ Der Gemeinderat hat durchgesetzt, dass Grünanlagen angelegt werden.

15. ☐ ☐ Der Gemeinderat hat durchgesetzt, dass verschiedene Spielplätze vergrößert werden.

16. ☐ ☐ Der Gemeinderat hat durchgesetzt, dass sichere Fahrradwege angelegt werden.

17. ☐ ☐ Der Gemeinderat hat durchgesetzt, dass Schülerlotsen für die Sicherheit auf dem Nachhauseweg sorgen.

18. ☐ ☐ Der Gemeinderat hat durchgesetzt, dass ein einziger Spielplatz erweitert wird.

19. ☐ ☐ Der Gemeinderat hat durchgesetzt, dass keine Gefahr mehr auf dem Nachhauseweg besteht.

20. ☐ ☐ Der Gemeinderat hat durchgesetzt, dass die Schüler auch außerhalb der Unterrichtszeiten auf dem Schulhof spielen dürfen.

21. ☐ ☐ Der Gemeinderat hat durchgesetzt, dass verschiedene Spielplätze gebaut werden.

Parlament der Jugend

Blatt 6

Name: _____ Klasse: _____ Datum: _____

Aufgabe 2

Überlege, wie die Sitzung des Gemeinderates der Kinder in Schiltigheim abläuft.
Lies dazu noch einmal genau den Anfang des Textes auf Blatt 1.

22. Welcher Satz passt vor den Text?
    a) ☐ In Schiltigheim wird die Sitzung des Gemeinderates der Kinder vertagt.
    b) ☐ In Schiltigheim wird die Sitzung des Gemeinderates der Kinder unterbrochen.
    c) ☐ In Schiltigheim wird eine Sitzung des Gemeinderates der Kinder abgehalten.
    d) ☐ In Schiltigheim wird die Sitzung des Gemeinderates der Kinder geschlossen.

23. Wo treffen sich die Kinder mit dem Bürgermeister?
    a) ☐ Die Kinder und der Bürgermeister sitzen im Konferenzzimmer der Lehrer.
    b) ☐ Die Kinder und der Bürgermeister treffen sich am Fußgängerstreifen vor der Schule.
    c) ☐ Die Kinder und der Bürgermeister treffen sich im Sitzungssaal der Gemeinde.
    d) ☐ Die Kinder und der Bürgermeister treffen sich im Büro des Bürgermeisters.

24. Mit welchem Vorschlag beginnt der Bürgermeister die Sitzung des Gemeinderates?
    a) ☐ Das Problem der Sauberkeit soll zuerst diskutiert werden.
    b) ☐ Das Problem der Verkehrssicherheit soll zuerst behandelt werden.
    c) ☐ Die Erweiterung der Grünanlagen soll besprochen werden.
    d) ☐ Das Problem der Verkehrssicherheit wird vertagt.

25. Wie verhalten sich die Kinder im Gemeinderat?
    a) ☐ Die Kinder machen, was der Bürgermeister sagt.
    b) ☐ Die Kinder sind sehr engagiert.
    c) ☐ Die Kinder halten sich zurück.
    d) ☐ Die Kinder verhalten sich zaghaft.

26. Wie reagieren die Kinder auf den Vorschlag des Bürgermeisters?
    a) ☐ Sie wollen das Thema der Verkehrssicherheit diskutieren.
    b) ☐ Sie halten sich an die Vorschläge des Bürgermeisters.
    c) ☐ Sie sehen ein, dass der Vorschlag des Bürgermeisters richtig ist.
    d) ☐ Sie finden, dass das Thema der Sauberkeit vordringlich besprochen werden muss.

Parlament der Jugend			Blatt 7
Name:		Klasse:	Datum:

27. Wie verhält sich der Bürgermeister im Gemeinderat?
    a) ☐ Der Bürgermeister beharrt auf seinem Standpunkt.
    b) ☐ Der Bürgermeister schlägt mit der Faust auf den Tisch.
    c) ☐ Der Bürgermeister steckt zurück.
    d) ☐ Der Bürgermeister bestraft die Kinder.

28. Was entscheidet der Bürgermeister?
    a) ☐ Er verschiebt das Problem der Verkehrssicherheit.
    b) ☐ Er behandelt das Problem der Verkehrssicherheit.
    c) ☐ Er löst das Problem der Verkehrssicherheit.
    d) ☐ Er diskutiert das Problem der Verkehrssicherheit.

29. Wie reagieren die Kinder auf die Entscheidung des Bürgermeisters?
    a) ☐ Die Kinder wollen das Problem der Verkehrssicherheit behandeln.
    b) ☐ Die Kinder sind enttäuscht.
    c) ☐ Die Kinder lehnen den Vorschlag des Bürgermeisters rigoros ab.
    d) ☐ Die Kinder einigen sich mit dem Bürgermeister.

30. Wie geht die Sitzung des Gemeinderates weiter?
    a) ☐ Das Problem der Verkehrssicherheit wird weiter diskutiert.
    b) ☐ Das Problem der Sauberkeit wird vertagt.
    c) ☐ Ein weiteres Thema wird behandelt.
    d) ☐ Unter das Thema der Verkehrssicherheit wird definitiv ein Strich gezogen.

Parlament der Jugend

Blatt 8

Name: _____ Klasse: _____ Datum: _____

Aufgabe 3

Dem Lokalreporter I. T. ist eine schreckliche Geschichte passiert. Als er einen Unfallbericht zur Redaktion bringen will, merkt er, dass seine Tochter mehrere seiner Artikel für eine Schnitzeljagd benutzt hat. Kannst du ihm helfen, diesen Unfallbericht wieder zusammenzustellen?

Lies den ganzen Text zuerst einmal durch, ergänze danach den Text mit den Wörtern aus der untenstehenden Liste. Achte auf die Großschreibung am Satzanfang!

Trier. _____(1)_____ kam es gestern Abend um 20.00 Uhr _____(2)_____, als ein Geisterfahrer ein entgegenkommendes Auto rammte. Der _____(3)_____ Fahrer stand _____(4)_____, als er sich vor dem Café L. gleich _____(5)_____ ins Auto setzte, obwohl seine Freunde ihm davon abrieten. Ersten Angaben zufolge machte der Fahrer des zweiten Wagens zwar noch eine Reflexbewegung und _____(6)_____ das Steuer nach links herum, doch _____(7)_____, mit welcher der erste Fahrer sein Auto steuerte, war an ein Ausweichen nicht zu denken. Die Vorderachse _____(8)_____, der Motor wurde herausgerissen, der Wagen hatte nur noch _____(9)_____. Da beide Fahrer schwer verletzt wurden, weilten die Polizei und der herbeigerufene _____(10)_____ an der Unfallstelle. Da der Unfallhergang weiter geklärt werden muss, bittet die Polizei _____(11)_____, sich bei ihr zu melden. Trotz einer Reihe von schweren Unfällen in den letzten Wochen ist die Zahl der Verkehrsunfälle weiterhin _____(12)_____.

---

etwaige Zeugen	zu einem Auffahrunfall	schuldige	unter Schock
auf der Trierer Autobahn	unter Alkoholeinfluss	wegen der Alkoholfahne	
zu einer Frontalkollision	brach ein	wegen der hohen Geschwindigkeit	
Sportarzt	brach ab	die Zuschauer	Notarzt	rückläufig
neben dem Fußballplatz	warf	bekannte	lenkte	Schrottwert

Parlament der Jugend		**Blatt 9**
Name:	Klasse:	Datum:

Aufgabe 4

In der Lokalredaktion ist man es leid, die falschen Endungen bei den Artikeln und Adjektiven in den Berichten des Lokalreporters G. M. zu verbessern.
G. M. reicht nunmehr Berichte ein, in denen die Endungen an vielen Stellen von vornherein fehlen.

Ergänze die Endungen in dem folgenden Unfallbericht von G. M.

Unfall auf dem Schulweg

Am Montag, dem 2. Oktober, kam es in d_____(1) Straßburger Allee in Schiltigheim zu ein_____(2) Verkehrsunfall. Dabei wurde ein zwölfjährig_____(3) Mädchen leicht verletzt. Der Unfall ereignete sich, als das Kind von d_____(4) stark befahrenen Straßburger Allee in d_____(5) Sesenheimer Straße einbiegen wollte. Laut Zeugenaussagen hat der Fahrer des rot_____(6) Peugeot, der unmittelbar hinter d_____(7) Mädchen herfuhr, den ausgestreckt_____(8) Arm des Mädchens übersehen und das Kind mit d_____(9) linken Kotflügel erfasst. Das Mädchen wurde dabei a_____(10) rechten Arm verletzt und zu_____(11) Beobachtung in d_____(12) nahe gelegene Stadtklinik gebracht.

Parlament der Jugend — Blatt 10

Name: _____ Klasse: _____ Datum: _____

Aufgabe 5

Nadine erzählt der neuen Klassenkameradin, was in der letzten Sitzung des Kindergemeinderates behandelt wurde.

Setze ins Perfekt.

„Gestern Nachmittag hat wieder eine Sitzung unseres Gemeinderates _**stattgefunden**_ (stattfinden). Wir haben lange über sichere Fahrradwege _____ (diskutieren). Wir haben sehr oft das Wort _____ (ergreifen) und viele Argumente _____ (nennen). Der Bürgermeister hat zunächst heftig _____ (widersprechen). Er hat darauf _____ (hinweisen), dass es schon viele Radwege gibt. Aber wir haben nicht _____ (nachgeben), immer wieder neue Argumente _____ (vorbringen) und besonders den Unfall von Anne in der Straßburger Allee _____ (erwähnen). Schließlich hat er _____ (versprechen), dass er über dieses Thema weiter nachdenken wolle. Ich bin froh, dass wir so hartnäckig _____ (bleiben) sind."

Parlament der Jugend — Blatt 11

Name: _____   Klasse: _____   Datum: _____

Aufgabe 6

Radio für Kinder

An die Rundfunkredaktion Radallo   Trier, den 15. Februar 2007
Wellenstraße 007
12345 Antennenhausen

Sehr geehrte Damen und Herren,

mein Name ist Marc Müller, und ich wohne in Trier. Viele meiner Freunde könnten ohne Fernsehen nicht leben, aber ich kann darauf verzichten. Ich höre viel lieber Radio. Ihr Radioprogramm gefällt mir aber nicht. Ich finde es überhaupt nicht interessant.

Es müsste vieles geändert werden. Ich hoffe, dass mein Brief Erfolg hat.

Mit freundlichen Grüßen

Marc Müller

Marcs Eltern glauben, dass dieser Brief wahrscheinlich keinen Erfolg haben wird, weil er viel zu ungenau ist. Marc hat zum Beispiel vergessen, seine Forderungen zu begründen. Deshalb arbeitet er seinen Brief um.

Parlament der Jugend — Blatt 12

Name: _____ Klasse: _____ Datum: _____

Der überarbeitete Brief sieht nun wie folgt aus. Es fehlen aber noch einige Wörter.
Ergänze den Brief mit den Wörtern aus der unten stehenden Liste.

An die Rundfunkredaktion Radallo   Trier, den 15. Februar 2007
Wellenstraße 007
12345 Antennenhausen

Sehr geehrte Damen und Herren,

mein Name ist Marc Müller, und ich wohne in Trier. Viele meiner Freunde könnten ohne Fernsehen nicht leben, aber ich kann darauf verzichten. Ich höre viel lieber Radio, _____(1) meinen Walkman kann ich überallhin mitnehmen. Nur das Radioprogramm gefällt mir nicht, _____(2) es zu viele Sendungen für Erwachsene gibt. Es fehlen Kindersendungen, _____(3) spannende Hörspiele oder Tiergeschichten. Ich finde Ihr Programm _____(4) der vielen Nachrichten überhaupt nicht interessant. Die Sendungen sollten _____(5) so oft von Werbespots unterbrochen werden. Es müsste vieles geändert werden, _____(6) Kindern das Programm gefällt. Am besten wäre es, _____(7) Sie die Kinder an der Programmgestaltung beteiligen würden. Man könnte _____(8) einen Programmrat der Kinder schaffen, _____(9) die Kinder aktiv an der Auswahl der Programme zu beteiligen. Ich würde gerne an solch einem Programmrat der Kinder mitarbeiten. Was halten Sie von meiner Idee?

Mit freundlichen Grüßen
Marc Müller

| denn | beispielsweise | weil | damit | wenn | keinesfalls | um |
| nachdem | als | obwohl | z. B. | | zu diesem Zweck | wegen |

Parlament der Jugend		Blatt 13
Name:	Klasse:	Datum:

Aufgabe 7

Was würdest du als Mitglied eines Kindergemeinderates in deiner Stadt oder deinem Dorf vorschlagen?

Schreibe einen Brief an den Bürgermeister! Bedenke dabei:
- *Du sollst mehrere Vorschläge und Wünsche äußern.*
- *Du sollst erzählen, welche Probleme oder Schwierigkeiten sich im Augenblick stellen.*
- *Du musst deine Vorschläge und Wünsche unbedingt begründen, damit dein Brief auch Erfolg hat.*
- *Wenn du Ziele und Zwecke nennst, werden deine Forderungen und Wünsche eher akzeptiert.*

Den Anfang des Briefes findest du auf der nächsten Seite.

Parlament der Jugend

Blatt 14

Name: _____ Klasse: _____ Datum: _____

Sehr geehrte Frau Bürgermeisterin,
Sehr geehrter Herr Bürgermeister,

mein Name ist _____, und ich wohne in

_____. Ich schreibe Ihnen diesen Brief, weil

4. Lösungsschlüssel

Emil und die Detektive (S. 28 ff.)

Aufgabe 1

1. item 1   kein eitler
   item 2   er mag seinen Sonntagsanzug nicht anziehen (sinngemäß)

2. item 4   sehr viel Wert
   item 5   sie kümmert sich um Emils Kleidung (bürsten, putzen, Flecken entfernen)

3. item 7   muss noch viel arbeiten
   item 8   sie führt den Haushalt (kochen, Wohnung reinigen, große Wäsche besorgen)

4. item 10   ist trotzdem gut gelaunt
   item 11   sie singt lustige Lieder

5. item 13   ein selbstständiger Junge
   item 14   er kocht für sich und seine Mutter / er kümmert sich um seine Mutter

Aufgabe 2

1. im Zug
2. Emil war eingeschlafen
3. der Mann mit dem Hut / Herr Grundeis
4. Mutter hat monatelang geschuftet;
   sie hat kein Geld mehr für Großmutter
5. Tasche
   Briefumschlag
   mit einer Stecknadel
6. steifer Hut
7. er verfolgt den Dieb / Grundeis / ... den Mann mit dem steifen Hut
8. viele Menschen auf dem Bahnsteig / viele steife Hüte

Aufgabe 3

1. Dieb verfolgen
   in der Straßenbahn
2. Großmutter wartet vergeblich auf Emil
3. er hätte ihm den Diebstahl nicht geglaubt
4. Emil hat keine Fahrkarte.
5. Mitleid mit Emil
   er glaubt / vertraut Emil
6. verzweifelt / verlassen / hilflos
   Stadt ist so groß, Emil ist so klein

Aufgabe 4

1. d) schau nicht so überrascht,
2. a) gebe ich dir eine Ohrfeige, ...
3. b) sehr viel Zeit haben,
4. c) verhaftet ihn.
5. a) etwas Verbotenes getan.
6. d) Red keinen Unsinn.
7. c) entwischt er uns.

8 a) gleich sind viele da.
9 b) bin ich weit weg.
10 c) Schuft
11 b) mitmachen, …
12 d) beobachtete den Dieb genau, …

Aufgabe 5

	Konjunktion	Satzbau
1	deshalb	war er so traurig über den Diebstahl.
2	doch	er hatte kein Geld.
3	denn	der Mann mit dem steifen Hut war gefährlich.
4	dabei	hupte er (Gustav) laut.
5	dann	verteilten sie die Aufgaben.
6	als	der Zug in Berlin-Friedrichstraße ankam.
7	weil	er in Berlin Freunde gefunden hatte.
8	obwohl	er den ganzen Tag Pech gehabt hatte.
9	ohne	lange zu zögern.
10	damit	seine Freunde ihn hören sollten.

Aufgabe 6

1	item 1	ihn		
2	item 2	ihm		
3	item 3	sie, diese	item 4	ihnen
4	item 5	Sie	item 6	ihn
5	item 7	Sie	item 8	ihm
6	item 9	er	item 10	ihr
7	item 11	Sie	item 12	sie, diese
8	item 13	Sie	item 14	ihnen
9	item 15	Sie	item 16	ihm
10	item 17	Sie	item 18	er
11	item 19	sie	item 20	ihn
12	item 21	ihr		

Indianer (S. 54 ff.)

Aufgabe 1

Frage		item		
1		1	a) einen Sachtext über Indianer
2		2	C D B E A
3		3	Asien
4		4	18–19
5		5	c) Die verschiedenen Indianerstämme hatten unterschiedliche Lebensformen.
6		6	Kolumbus glaubte, Indien entdeckt zu haben; er nannte sie Indios
7		7	Apachen lebten in der Wüste.
		8	Sioux lebten als Jäger.
		9	Pueblos lebten in Städten.
		10	Irokesen waren Krieger.
8		11	d) weil die Weißen sie zerstört haben.
9		12	b) ihr außergewöhnliches Gedächtnis.
10		13	b) Die Amerikaner haben die Geschichte der Indianer aufgeschrieben.

11	14	Das Leben in der Wildnis erfordert
	15	ein intensives Training des Gedächtnisses
12	16	b) werden die Indianer falsch dargestellt.
13	17	c) Die Fragen sind noch nicht vollständig beantwortet.
14	18	c) Ein Teil der Indianer lebte fest an einem Ort.
15	19	b) Die Weißen haben sich in Amerika niedergelassen.
16	20	a) Die Lebensgrundlage der Indianer wurde zerstört.
17	21	b) Die Indianer wehrten sich mit aller Kraft.
18	22	c) die Indianer
19	23	c) das Behalten des Vertrags im Gedächtnis.
20	24	a) die Amerikaner
21	25	c) Sie fühlen sich eins mit der Natur.
22	26	a) Sie wollen die Erde gnadenlos ausnutzen.
23	27	c) Die Weißen bieten den Indianern an, ihnen ihr Land abzukaufen.
24	28	d) die Weißen ihnen ihr Land wegnehmen.
25	29	d) einem Indianerhäuptling.
26	30	b) den Präsidenten der USA.
27	31	a) seine Leser über Indianer informieren.
28	32	b) seinen persönlichen Standpunkt klarmachen.

Aufgabe 2

1 erzählt
2 behauptete
3 nahm … sich vor
4 fragte
5 erwiderte
6 unterbrach
7 grüßte
8 fuhr fort
9 a) stellt Schapian fest.
10 c) zweifelt Sajo.
11 a) ermuntert der Junge das Mädchen.
12 d) schlägt das Mädchen vor.
13 a) entgegnet er.
14 c) bestätigt sie.
15 b) fordert Schapian Sajo auf.

Aufgabe 3

1 reißend
2 einsamer
3 glasklare
4 großer
5 pechschwarzes
6 dunklen
7 gelb
8 rundes
9 buschiger
10 zusammengefaltetes
11 kleiner
12 altes

Aufgabe 4

1 Früher
2 doch
3 sondern

4 Als
5 Weil
6 Heute
7 dass
8 Wer
9 Deshalb
10 darum
11 Wenn
12 die

Aufgabe 5

1 hatten
2 kannten
3 hielten
4 verbreiteten
5 wohnten
6 gab
7 verloren
8 begannen
9 veränderte
10 waren
11 nannten
12 wurden
13 ritten
14 reagierten
15 galten

Archäologen (S. 76 ff.)

Aufgabe 1

1 d) Der Text informiert über die Arbeit von Archäologen.
2 b) nach Spuren des Lebens vor 1800 Jahren suchen.
3 2 wiederherstellen / 1 ausgraben / 3 bestimmen
4 d) Die Archäologen interessieren sich am meisten für den Alltag der Menschen.
5 a) Archäologen suchen bei ihren Ausgrabungen Stücke von zerbrochenen Gefäßen.
6 a) Aus dieser Zeit ist nicht mehr viel erhalten.
7 d) Archäologen graben dort, wo es Anzeichen für Funde gibt.
8 c) Archäologen machen Ausgrabungen, um sich ein Bild vom Leben in alter Zeit zu machen.
9 d) Man untersucht Texte und schriftliche Dokumente aus dieser Zeit.
10 b) Die Archäologen müssen sehr exakt arbeiten.
11 d) Sie finden dort Dinge, die verraten, wie die Leute damals gelebt haben.
12 a) Sie erkennen dies an Stein- und Metallresten von Geräten.
13 d) Sie erkennen dies an Teilen von Knochenresten.
14 c) Im Museumslabor werden Funde aus alter Zeit analysiert.
15 a) die Stelle, an dem ein Gegenstand gefunden wurde.
16 a) ein unwichtiger Fund.
17 a) Die Hinweise sind zahlreich.
18 a) Die Gegenstände liegen nicht sichtbar unter der Erde.
19 c) Wo sie annehmen, dass Funde sind.
20 c) Die Reste geben dem Archäologen sehr viele Informationen.
21 b) Der Vergangenheit auf der Spur

Aufgabe 2

1. um … zu
2. Mit
3. wenn
4. Zur
5. Damit
6. Zum
7. damit

Aufgabe 3

1. verpachtete
2. niederließen
3. lagen
4. bestanden
5. konnte
6. war
7. konnten
8. gehörten
9. sollte
10. hatten
11. benutzten
12. düngten
13. brachten
14. transportierten
15. wollten
16. entstanden
17. bildeten
18. dienten
19. gab
20. traf
21. austauschte
22. abschloss

Aufgabe 4

1. am
2. in
3. aus
4. Vor
5. auf (mit)
6. aus
7. von
8. Auf (Mit)
9. Bei
10. um
11. für
12. an

Aufgabe 5

1. b) einen Bauernhof aus.
2. c) Zur Zeit wird an einem anderen Ort noch ein Tempel ausgegraben.
3. a) Sie haben nicht genug Zeit.
4. d) das Wetter.
5. c) alltägliche Gegenstände aus dem Haushalt gefunden.
6. d) wie die Leute gegessen haben.

7 a) was in den Gefäßen enthalten war.
8 a) wie die Häuser damals aussahen.
9 a) Die Kinder haben damals fast so gelebt wie die Erwachsenen.
10 b) in Stein gehauene Bilder untersucht.
11 b) Nur die reichen Kinder in den Städten gingen zur Schule.
12 d) lesen, schreiben und rechnen.
13 a) Die Kinder arbeiteten mit einfachen Mitteln.

Konflikte (S. 97 ff.)

Aufgabe 1

1 a) Der Sohn erzählt die Geschichte.
2 b) weil er der Grund für den Streit zwischen Eltern und Sohn ist.
3 a) ein warmer Mantel gegen Wind und Wetter.
4 a) Zeile 1 bis 3.
5 a) Er bringt ihn auf sein Zimmer.
6 c) der Vater die List seines Sohnes durchschaut hat. (Zeile 13)
7 c) Er erklärt ihm, warum er den Parka anziehen soll.
8 b) Sie machen sich Sorgen um den Sohn.
9 d) Er hatte eine lebensgefährliche Krankheit.
10 c) Die Eltern haben Angst, dass der Sohn wieder krank wird.
11 a) sie ihm den wahren Grund ihrer Sorgen verschwiegen haben.
12 c) Er versteht die Sorgen seiner Eltern.
13 d) Die Eltern hätten dem Sohn erklären müssen, warum er den Parka anziehen sollte.

Aufgabe 2

14 a) Die Kapuze stört mich.
15 c) Meistens gelingt es mir. (Zeile 7)
16 d) Wir müssen uns ernsthaft über das Problem unterhalten. (Zeile 16)
17 b) Du wärst fast gestorben. (Zeile 29)
18 a) Man sagt ihm das nicht direkt. (Zeile 48)
19 b) Man strengt sich sehr an. (Zeile 49)
20 a) Wird wieder krank. (Zeile 52)
21 b) Na gut, ich ziehe den Parka an. (Zeilen 54–55)

Aufgabe 3

22 a) wütend (Zeile 11)
23 b) aggressiv (Zeile 17)
24 c) innerlich bewegt (Zeile 30)
25 a) niedergeschlagen (Zeile 53)
26 d) todunglücklich (Zeilen 17–18)
27 a) widerspenstig (Zeile 15)
28 a) erschrocken (Zeile 41)
29 c) erleichtert (Zeilen 61–62)

Aufgabe 4

30 b) fordert die Mutter (Zeile 4)
31 a) denkt der Sohn (Zeile 20)
32 b) entgegnet der Sohn (Zeile 23)
33 a) erklärt der Vater (Zeile 24)
34 d) fragt der Vater nach (Zeile 29)
35 b) spricht der Vater vor sich hin (Zeile 52)

Aufgabe 5

36 b) der Parka (Zeile 1)
37 d) der Sohn (Zeile 28)
38 c) der Kranke (Zeilen 48–49)
39 b) der Körper (Zeile 62)

Aufgabe 6

1 sie
2 ihr
3 er
4 ihm
5 er
6 Sie
7 ihm
8 er
9 sie

Aufgabe 7

1 zierliche
2 eng anliegende
3 blaue
4 neue
5 saubere
6 eleganten
7 riesengroßes
8 seidenes
9 verwaschener
10 zerrissene
11 schmutziges
12 löch(e)rigen

Aufgabe 8

1 damit
2 Bestimmt
3 weil
4 wenn
5 deshalb
6 möglicherweise
7 denn
8 Wegen
9 weshalb
10 zudem

Aufgabe 9

1 nämlich
2 glücklich
3 wirklich
4 trotzdem
5 mürrisches
6 entsetzt
7 mag
8 begeistert
9 erwiderte
10 wohl
11 widersprach
12 einsehen
13 entgegnete
14 traurig
15 ziemlich
16 brüllte
17 Grund
18 wenigstens
19 bat
20 gab … nach

Parlament der Jugend (S. 118 ff.)

Aufgabe 1

3. b) Es handelt sich bei diesem Text um einen Bericht aus einer Zeitung.
4. b) Das, was im Text steht, hat sich tatsächlich ereignet.
5. a) Kinder machen Politik
6. b) Grundschüler
7. a) Dieser Gemeinderat will die Interessen der Kinder vertreten.
8. d) Sie diskutieren Probleme, die Kinder betreffen.
9. b) Kinder werden nicht an der Gemeindepolitik beteiligt.

10. a) viele erfahrene Kinder
11. b) Der Gemeinderat bemüht sich um Spielplätze, Grünanlagen und Fahrradwege.
12. c) Ein Mitglied des Gemeinderates der Kinder könnte in Zukunft Bürgermeister werden.
13. Der Gemeinderat hat durchgesetzt, dass Schulhöfe außerhalb des Unterrichts verschlossen bleiben. **falsch**
14. Der Gemeinderat hat durchgesetzt, dass Grünanlagen angelegt werden. **falsch**
15. Der Gemeinderat hat durchgesetzt, dass verschiedene Spielplätze vergrößert werden. **richtig**
16. Der Gemeinderat hat durchgesetzt, dass sichere Fahrradwege angelegt werden. **falsch**
17. Der Gemeinderat hat durchgesetzt, dass Schülerlotsen für die Sicherheit auf dem Nachhauseweg sorgen. **richtig**
18. Der Gemeinderat hat durchgesetzt, dass ein einziger Spielplatz erweitert wird. **falsch**
19. Der Gemeinderat hat durchgesetzt, dass keine Gefahr mehr auf dem Nachhauseweg besteht. **falsch**
20. Der Gemeinderat hat durchgesetzt, dass die Schüler auch außerhalb der Unterrichtszeiten auf dem Schulhof spielen dürfen. **richtig**
21. Der Gemeinderat hat durchgesetzt, dass verschiedene Spielplätze gebaut werden. **falsch**

Aufgabe 2

22. c) In Schiltigheim wird eine Sitzung des Gemeinderates der Kinder abgehalten.
23. c) Die Kinder und der Bürgermeister treffen sich im Sitzungssaal der Gemeinde.
24. b) Das Problem der Verkehrssicherheit soll zuerst behandelt werden.
25. b) Die Kinder sind sehr engagiert.
26. d) Sie finden, dass das Thema der Sauberkeit vordringlich besprochen werden muss.
27. c) Der Bürgermeister steckt zurück.
28. a) Er verschiebt das Problem der Verkehrssicherheit.
29. d) Die Kinder einigen sich mit dem Bürgermeister.
30. c) Ein weiteres Thema wird behandelt.

Aufgabe 3

1 Zu einer Frontalkollision auf der Trierer Autobahn
2 Auf der Trierer Autobahn zu einer Frontalkollision
3 schuldige
4 unter Alkoholeinfluss
5 neben dem Fußballplatz
6 warf
7 wegen der hohen Geschwindigkeit
8 brach ab
9 Schrottwert
10 Notarzt
11 etwaige Zeugen
12 rückläufig

Aufgabe 4

1 der
2 einem
3 zwölfjähriges
4 der
5 die
6 roten
7 dem
8 ausgestreckten
9 dem
10 am
11 zur
12 die

Aufgabe 5

1. diskutiert
2. ergriffen
3. genannt
4. widersprochen
5. hingewiesen
6. nachgegeben
7. vorgebracht
8. erwähnt
9. versprochen
10. geblieben

Aufgabe 6

1. denn
2. weil
3. z. B. / beispielsweise
4. wegen
5. keinesfalls
6. damit
7. wenn
8. zu diesem Zweck / z. B. / beispielsweise
9. um

5. Quellenverzeichnis

Ammermann, Alice und Tilman Röhrig: Archäologen bei der Arbeit. In: Ammermann, Alice, Tilman Röhrig, Gerhard Schmidt: Der Sklave Calvisius: Alltag in einer römischen Provinz 150 n. Chr. Niedernhausen: Falken Verlag 1979.   Seite 76 f.

Hanisch, Hanna: Die Sache mit dem Parka. In: Vorlesebuch Religion 1. Hrsg. von Dietrich Steinwede u. Sabine Ruprecht. Lahr: Gemeinschaftsverlag Ernst Kaufmann, Göttingen: Vandenhoek & Ruprecht, Zürich/Köln: Benzinger, Zürich: Theologischer Verlag 1976.   Seite 97 f.

Kästner, Erich: Emil und die Detektive. Ein Roman für Kinder. Illustrationen von Walter Trier. 139. Auflage. Hamburg: Dressler Verlag, Zürich: Atrium 1994.   Seite 23 ff., 28, 30, 34, 36 f.

Kästner, Erich: Emil und die Detektive. Ein Roman für Kinder. Illustrationen von Walter Trier. Sonderausgabe zur Neuverfilmung. Hamburg: Dressler Verlag, Zürich: Atrium 2001.   Seite 45 ff.

Klingbeil, Petra: Parlament der Jugend. In: TOP: Das neue Jugendmagazin der Barmer. Hrsg. von der Barmer. Heft 23. Wuppertal: Barmer (Ersatzkasse).   Seite 118

Leporello 4: Sprechen, schreiben, lesen. Rheinland-Pfalz/Saarland. Von Gisela Dick, Marlies Koenen unter Mitarbeit von Eva Odersky. Braunschweig: Westermann 2000.   Seite 67

Reicheis, Käthe: Bei den Navahos. In: Werwiewas. Das Lexikon für Kinder. 5. Auflage. Wien/München: Jugend und Volk, Wien: Österreichischer Bundesverlag, Frankfurt/M.: Diesterweg, Aarau: Sauerländer 1987 (stark verändert).   Seite 66

Seattle: Wir sind ein Teil der Erde. Die Rede des Häuptlings Seattle an den Präsidenten der Vereinigten Staaten von Amerika im Jahre 1855. 22. Auflage. Olten und Freiburg i. Br.: Walter-Verlag 1982.   Seite 59

Stammel, H.[einz] J.[osef]: Die Indianer. Die Geschichte eines untergegangenen Volkes. München: Goldmann 1979.   Seite 54 f.

Timm, Uwe: Rennschwein Rudi Rüssel. Mit Illustrationen von Axel Scheffler und einem Nachwort des Autors. München, Wien: Nagel & Kimche im Carl Hanser Verlag 2002.   Seite 111 f.

Twain, Mark: Tom Sawyers Abenteuer. In: Gesammelte Werke Bd. 1. Übersetzt von Lore Krüger u. Günther Klotz. München: Hanser 1965 (stark verändert).   Seite 108 f.

Vanderwerth, W. C.: Indian Oratory: Famous Speeches by Noted Indian Chieftains. Norman: University of Oaklahoma Press 1971. [Übersetzung von Simone Sturm im Internet: http://home.t-online.de – home/die.windigen/starter.htm]   Seite 62

Wäscha-kwonnesin: Sajo und ihre Biber. Wie Sajo und ihr Bruder mit zwei Biberkindern Freundschaft hielten. Illustriert von Wäscha-kwonnesin. Aus dem Englischen von Käthe Freinthal. 14. Auflage. München: Deutscher Taschenbuchverlag 1999.   Seite 50 ff., 63, 68

Aktuell, schülernah und abwechslungsreich!

Praxiserprobt und topaktuell: Materialien von Auer!

Hans Heinrich
Kurzgeschichten
Ausgearbeitete Stundenbilder mit Texten, Arbeitsblättern und Bildmaterial

136 S., DIN A4, kart.   Best.-Nr. **2883**

Schüler an Kurzgeschichten heranführen? Liebend gern! Aber wie?
Dieser Band bietet eine literarische Auswahl, die Jugendliche anspricht und zum Weiterdiskutieren einlädt. Der Autor hat dabei an alles gedacht: Jedes Stundenbild umfasst provokante Texte oder Bilder für den Einstieg ins Thema, ansprechende Arbeitsblätter mit Lösungsvorschlägen und zahlreiche Textvorlagen. Mit Geschichten von Ernest Hemingway, Siegfried Lenz, James Joyce, Wolfgang Borchert u. v. a.

Hans Heinrich
Balladen und Gedichte
Ausgearbeitete Stundenbilder mit Texten, Arbeitsblättern und Bildmaterial

188 S., DIN A4, kart.   Best.-Nr. **4032**

Balladen und Gedichte sind wichtige Eckpfeiler im Deutschunterricht, stellen aber an Lehrkräfte und Schüler/-innen gleichermaßen große Anforderungen. So ist die lyrische Sprache für die Schüler/-innen oftmals schwer zugänglich oder der Inhalt des zu bearbeitenden Gedichts kompliziert.
Hans Heinrich bereitet im vorliegenden Band die lyrischen Texte mit reichlich Bildmaterial klar auf. Die zu jeder Unterrichtseinheit zusammengestellten Stundenbilder ermöglichen den Lehrkräften ihre Deutschstunden schnell und ohne großen Aufwand vorzubereiten.
Arbeitsblätter mit Musterlösungen erleichtern die Handhabung zusätzlich.

Aus dem Inhalt:
- Johann Wolfgang von Goethe: Erlkönig
- Erich Kästner: Ballade vom Nachahmungstrieb
- Kurt Tucholsky: Augen in der Großstadt

u. v. m.

Hans Heinrich
Erzählungen
Ausgearbeitete Stundenbilder mit Texten, Arbeitsblättern und Bildmaterial

144 S., DIN A4, kart.   Best.-Nr. **3719**

Ein guter Deutschunterricht lebt auch von guten Texten. Dabei ist es nicht immer leicht, auch weniger bekannte und nicht schon oft behandelte zu finden, die sich für den Einsatz in der Schule eignen. Dieses Buch bietet Lehrerinnen und Lehrern nicht nur eine Auswahl verschiedener Erzählungen (mit Zeilennummerierung), sondern auch vielfältige Hilfen bei der Unterrichtsvorbereitung:

- Stundenbilder
- anschaulich gestaltete Arbeitsblätter mit reichem Bildmaterial
- Lösungshinweise
- Erklärung schwieriger Begriffe und Hintergrundinformationen.

Der Band enthält Texte unter anderem von Erich Kästner, Bertolt Brecht, Siegfried Lenz, Guy de Maupassant, Franz Werfel, Stefan Andres und Michail Sostschenko.

Auer BESTELLCOUPON Auer

Ja, bitte senden Sie mir/uns

____ Expl. Hans Heinrich
Balladen und Gedichte   Best.-Nr. **4032**

____ Expl. Hans Heinrich
Kurzgeschichten   Best.-Nr. **2883**

____ Expl. Hans Heinrich
Erzählungen   Best.-Nr. **3719**

mit Rechnung zu.

Bitte kopieren und einsenden an:

**Auer Versandbuchhandlung
Postfach 11 52
86601 Donauwörth**

Meine Anschrift lautet:

_____
Name/Vorname

_____
Straße

_____
PLZ/Ort

_____
Datum/Unterschrift

_____
E-Mail

Rund um die Uhr bequem bestellen unter:
Telefon: 01 80 / 5 34 36 17
Fax: 09 06 / 7 31 78
E-Mail: info@auer-verlag.de

Kreativ und spritzig Deutsch unterrichten!

Kopiervorlagen und Materialien für Ihren Unterricht

Sally Odgers
Geschichten schreiben – so geht's
In 9 Schritten zum gelungenen Text
116 S., DIN A4, kart.
Best.-Nr. **4031**

Aufsatzschreiben gehört für viele Schülerinnen und Schüler nicht gerade zu ihren Lieblingstätigkeiten. Manche ringen sogar mit Schreibblockaden!
Hier setzt diese Unterrichtshilfe an. In neun Schritten werden die Schüler/-innen an das Schreiben herangeführt. Sie lernen den Aufbau einer Geschichte vorab zu planen und Schreibstrategien zu entwickeln.
Pfiffige Ideen und interessante Aufgabestellungen regen die Fantasie der Schüler/-innen an und lassen Spaß am Schreiben aufkommen. Durch Anweisungen zu gezielten Selbstkontrollen lernen sie, ihre Geschichten kritisch zu bewerten und gegebenenfalls umzuarbeiten.
Im letzten Kapitel dieses Buches können die Schüler/-innen dann beweisen, was sie bereits gelernt haben! Hier werden Anregungen gegeben, wie und wo sie ihre Meisterwerke veröffentlichen könnten.

Jürgen Fritzsch
BERTOLT BRECHT
Lernzirkel zu Leben und Werk
Stationenarbeit mit Kopiervorlagen für die Sekundarstufe I
9./10. Jahrgangsstufe
120 S., DIN A4, kart., mit zahlreichen Fotos
Best.-Nr. **3721**

Bertolt Brecht ist und bleibt ein wichtiges Thema für den modernen Deutschunterricht.
An 10 Lernstationen mit jeweils einem Pflichtpensum und vielfältigen freiwilligen Zusatzmöglichkeiten arbeiten die Schüler/-innen selbstständig, allein oder in der Gruppe. Mit praxiserprobten Arbeitsblättern lernen sie wichtige Lebensstationen und Werke Brechts kennen.

Die Themen: Jugend in Deutschland (Augsburg – München – Berlin); Jahre im Exil; Rückkehr nach Berlin (Ost); Lyrik; „Geschichten vom Herrn Keuner"; „Die Dreigroschenoper"; „Mutter Courage und ihre Kinder"; Episches Theater („Der gute Mensch von Sezuan"); Rätsel, Puzzle; Kreative Gestaltung.

Dagmar Antje Schmitz
Handbuch des kreativen Schreibens für den Unterricht in der Sekundarstufe I
144 S., kart.
Best.-Nr **3525**

Schreiblust statt Schreibfrust!
Dieses umfassende, aus der täglichen Unterrichtspraxis entstandene Handbuch gibt einen knappen didaktischen Hinweis für alle, die von der üblichen Aufsatzdidaktik abkommen und kreative Schreibformen selbst in ihrem Deutschunterricht einsetzen wollen.
Es zeigt darüber hinaus vom Cluster bis zum Würfeln mit Buchstabenwürfeln die verschiedensten Methoden im kreativen Schreiben. Daneben erfahren die Lehrer/-innen, wie man motivierende Schreibanlässe schafft, Schreibblockaden löst und mit den unterschiedlichen literarischen Gattungen kreativ umgehen kann.
Zum Schluss gibt die Autorin hilfreiche Tipps zur Überarbeitung und auch zur Bewertung der Schülertexte. Die zahlreichen Textproben von begeisterten Schüler/-innen beweisen, dass es sich immer lohnt Kreativität und emotionale Offenheit im Deutschunterricht zuzulassen und zu fördern.

Auer BESTELLCOUPON Auer

Ja, bitte senden Sie mir/uns

____ Expl. Sally Odgers
Geschichten schreiben – so geht's   Best.-Nr. **4031**

____ Expl. Jürgen Fritzsch
BERTOLT BRECHT   Best.-Nr. **3721**

____ Expl. Dagmar Antje Schmitz
Handbuch des kreativen Schreibens für den Unterricht in der Sekundarstufe I   Best.-Nr. **3525**

mit Rechnung zu.

Bitte kopieren und einsenden an:

**Auer Versandbuchhandlung
Postfach 11 52
86601 Donauwörth**

Meine Anschrift lautet:

_____
Name/Vorname

_____
Straße

_____
PLZ/Ort

_____
Datum/Unterschrift

_____
E-Mail

Rund um die Uhr bequem bestellen unter:
Telefon: 01 80 / 5 34 36 17
Fax: 09 06 / 7 31 78
E-Mail: info@auer-verlag.de

Fundierte Hilfe für bessere Aufsätze!

Kopiervorlagen und Materialien für Ihren Unterricht!

Anke und Carl Buttler
Die Textarbeit
Arbeitsbuch
Reihe **Praxis Aufsatz**
96 S., DIN A4, kart. Best.-Nr. **2763**

Anhand des Arbeitsbuchs wird gelernt, wie wichtige Elemente der Textarbeit erkannt und umgesetzt werden. Einübung von Aufsatzgerüst, Leitfragen, Formulierungen anhand von Themen, die eine kritische Auseinandersetzung anregen. Unabhängig von der Schulart einsetzbar.

Anke und Carl Buttler
Alltagssituationen bewältigen
Arbeitsbuch
Reihe **Praxis Aufsatz**
124 S., DIN A4, kart.
Best.-Nr. **2462**

Übungen zu alltäglichen Aufsatzformen und Schreibanlässen, die jeden betreffen (Lebenslauf, Bewerbung, Reklamation, Inserat u. a.). Unabhängig von der Schulart direkt im Unterricht oder zum eigenständigen Arbeiten einsetzbar.

Anke und Carl Buttler
Die Beschreibung
Arbeitsbuch
Reihe **Praxis Aufsatz**
104 S., DIN A4, kart.
Best.-Nr. **2350**

Unbeschreiblich? Der Band zeigt wichtige Elemente und Merkmale der Beschreibung auf und enthält Musteraufsätze gelungener Beschreibungen: Spielanleitung, Personenbeschreibung, Arbeitsanleitung u. v. m.

Anke und Carl Buttler
Der Bericht
Arbeitsbuch
Reihe **Praxis Aufsatz**
104 S., DIN A4, kart.
Best.-Nr. **2461**

Dieses Arbeitsbuch hilft, wichtige Elemente und Merkmale der Textsorte Bericht zu erkennen und sich einzuprägen. Unabhängig von der Schulart ist der Band direkt im Unterricht oder für die eigenständige Arbeit einsetzbar. Mit gelungenen Musteraufsätzen von Referat bis Reisebericht.

Anke und Carl Buttler
Die Erlebniserzählung
Arbeitsbuch
Reihe **Praxis Aufsatz**
96 S., DIN A4, kart.
Best.-Nr. **2349**

Ein Buch mit Musteraufsätzen, das hilft, sich Merkmale der Erlebniserzählung einzuprägen. Es kann direkt im Unterricht, aber auch beim eigenständigen Lernen eingesetzt werden. So wird jeder Aufsatz zum Erlebnis!

Norbert Berger
Schreiben nach literarischen Vorlagen
Produktiver Literaturunterricht in der Sekundarstufe
Mit Kopiervorlagen
112 S., DIN A4, kart. Best.-Nr. **2459**

Eigenständige Texte in Anlehnung an literarische Vorlagen verfassen: Über eine sorgfältige Analyse von Form und Struktur der jeweiligen Textgattung werden die Schüler/-innen zu fantasievoller Rezeption und kreativer Eigenproduktion geführt. Der Band bietet für jede Textgattung ein didaktisches Konzept, geeignete Texte, Tafelbilder, Bildmaterial und Kopiervorlagen.

Auer BESTELLCOUPON Auer

Ja, bitte senden Sie mir/uns

Anke und Carl Buttler
____ Expl. **Die Textarbeit** Best.-Nr. **2763**

____ Expl. **Alltagssituationen bewältigen** Best.-Nr. **2462**

____ Expl. **Die Beschreibung** Best.-Nr. **2350**

____ Expl. **Der Bericht** Best.-Nr. **2461**

____ Expl. **Die Erlebniserzählung** Best.-Nr. **2349**

____ Expl. Norbert Berger
Schreiben nach literarischen Vorlagen Best.-Nr. **2459**

mit Rechnung zu.

Bitte kopieren und einsenden an:

**Auer Versandbuchhandlung
Postfach 11 52
86601 Donauwörth**

Meine Anschrift lautet:

Name/Vorname

Straße

PLZ/Ort

Datum/Unterschrift

E-Mail

Rund um die Uhr bequem bestellen unter:
Telefon: 01 80 / 5 34 36 17
Fax: 09 06 / 7 31 78
E-Mail: info@auer-verlag.de